Elmar Schenkel · Der aufgefangene Fall

ein paar
Wolkengedanken
mit herzlichem
Gruß
Elmar

Elmar Schenkel

Der aufgefangene Fall

Essays über Technik, Dichtung und Natur

Edition Isele

ELMAR SCHENKEL, geb. 1953 bei Soest/Westf., lehrt englische Literatur an der Universität Leipzig. Bis 1988 Mitherausgeber der Literaturzeitschrift »Nachtcafé«; Redakteur der anglo-amerikanischen Kulturzeitschrift »Chelsea Hotel«. Zu seinen Buchveröffentlichungen gehören die Erzählbände *Mauerrisse* und *Blaenau Ffestiniog*, die Reisetagebücher *Massachusetts* und *In Japan* sowie der Gedichtband *Blauverschiebung* und die Essaybände *Sinn und Sinne* und *Sportliche Faulheit*. Außerdem hat er wissenschaftliche Monographien über John Cowper Powys, das britische Fernsehen und die moderne englische und irische Lyrik veröffentlicht. Übersetzungen von Ted Hughes und Basil Bunting.
Für seine literarischen Arbeiten hat er mehrere Auszeichnungen erhalten, zuletzt den Hermann-Hesse-Förderpreis für *Massachusetts*.
Die Zeichnungen auf dem Umschlag und im Innenteil dieses Buches stammen aus seiner Hand.

Inhalt

IV

Kein Treffer – Unsportliche Überlegungen zum Bogenschießen

Sonntags nach der Kirche auf den Platz. Der Geruch des abgestandenen Biers im Schützenhaus, der abblätternde Kalk, die Umkleidekabinen der Fußballer. Unsere Wörter: Taps und libs, Armschutz und Sehnen wachsen, Köcher und Fiberglas. Das sind die sechziger Jahre in einem westfälischen Dorf und zugleich eine ganz andere Zeit – ein Nicht-fertigwerden mit der Zeit, eine Gegenzeit und Unzeit, doch angewiesen auf die Zeit der Gegenwart: Vereinskostümierung, Wappen, Hüte, Federn, Ornamente. Nicht immer ging es nur ums Bogenschießen.

*

Aber zunächst einmal ist da diese fremdartige Haltung, eine, die längst aus unserem System von Haltungen verschwunden ist, ein archäologischer Fund. Mensch – Bogen – Pfeil bilden eine Dreifaltigkeit. Das Ergebnis der Entfaltung ist der Schuß. Die Dimensionen werden nicht minimiert wie beim Gewehrschießen, sondern konzentriert. Jedoch ist die Minimierung von Raum und Zeit Grundlage und Motiv jeden Schießens überhaupt. Hierin ist das Schießen dem Fahren verwandt. Das 20. Jahrhundert hatte das Privileg, das Zusammenfallen von Schießen und Fahren zu erleben.
Dabei ist das Bogenschießen funktionslos geworden. Erst dadurch entsteht so etwas wie eine philosophische Variante. Wo das Ende der Zweckpraxis erreicht ist, nähert man sich Vorformen des Künstlerischen an.

*

Zunächst ist da die Polarität von Bogen und Sehne – eine Spannungseinheit. Sie werden gegeneinander ausgezogen, Drücken mit links und Ziehen mit rechts. Aber nicht mit dem Ziel der Herstellung eines vollkommenen Kreises. In dem wäre die Spannung aufgehoben, ausbalanciert, so wie die Steine sich an Torbögen im gemeinsamen Fall halten und dadurch größte Stabilität erzeugen (eine Vorstellung, die bekanntlich Kleist tief bewegte). Beim Spannen darf es zu diesem Gleichgewicht nicht kommen, woher käme dann der Schuß. Kein Zentrum, daß hier zur Peripherie würde. Vielmehr muß das Ungleichgewicht des Subjekts mit der Welt bis zu einem Punkt der Unerträglichkeit vorangetrieben werden. Der Schuß beendet diese Spannung. Erst dann wird der Kreis sichtbar, nämlich das am anderen Ende wartende runde Ziel.

*

Mit vierzehn (oder so) hörte ich mit dem Schießen auf. Und schieße doch weiterhin. Oft geht es so, als sei das Schreiben die Fortsetzung des Schießens. Das richtige Abwarten üben. Die Anspannung bemerken, doch nicht frühzeitig lösen, sie auf einen Punkt hin sammeln, aus dem die Schrift wie Antimaterie wieder hervorschießt. Das Ziel, das richtige Wort, der richtige Satz. Aber das ist Nebensache, wie jedes Ziel. Die Erfahrung des Niederschreibens zählt. Ein Schuß ist allerdings nicht korrigierbar. Ist es je ein Gedanke, wenn er sich einmal gelöst hat? Unterschied zum Schreiben – jede Menge. Das Verschlungene, Knotenwerfende, Netzartige, Flächenbedeckende, Gehirnverknotungen Nachvollziehende – das ist nicht die klare Linie des Schusses. Die Gemeinsamkeit liegt eben nicht im Schreiben, sondern vor dem Schreiben, vor der Sichtbarkeit. Am ehesten noch der Aphorismus, pfeilförmig, schußartig. Das treffende Wort, die Schlagfertigkeit. Die Summe der Schußlinien jedoch, zeichnete man ihre Luftspuren übereinander, ergäbe so etwas wie Schrift. Es ist außerdem nur der Trägheit des Auges zu verdanken, daß wir meinen, ein Pfeilschuß beschreibe eine geometrische Gerade. Unsichtbar sind die minimalen Abweichungen und Widerstände. Andere fanden im Tierefangen und Angeln das kindheitliche Modell für das Schreiben.

*

Die entscheidende Gemeinsamkeit ist eine körperliche Bedingung, die über den Körper hinausgeht, ich meine die Verankerung im *Atem.* Rhythmus – Puls – Metrum – Maß Schwingung – Systole – Diastole – Ein und Aus – Hin und Her – Metamorphose – Polarität. Mein Vater sagte, wenn er uns das Schießen beibrachte (in Anlehnung an seine Bibel, Herrigels *Zen in der Kunst des Bogenschießens*): »nicht ich atme, sondern ich werde geatmet – Es atmet mich«. Franz Baermann Steiner: »Nur das Atemholen lehrt uns, was Innen und Außen ist. Der Atem ist unser größter Lehrmeister.« Herrigel war nicht in der Lage, einen japanischen Bogen zu spannen, bis er das richtige Atmen beherrschte. Mit dem richtigen Atmen lassen sich auch die schwersten Dinge heben.

*

Mein Vater brachte das Bogenschießen ins Dorf. Später wurde die Dorfmannschaft zweimal deutscher Meister, Ende der 50er Jahre. Handwerker, Bauern und Angestellte waren das. Woher hatte mein Vater das Schießen geholt? Auf einem Kriegsphoto: da spielen sie in assyrischer Kleidung Bogenschießen zwischen Panzern. Halbnackt, ahmen sie die Streitwagen des Orients nach, irgendwo in der Ukraine. Da wächst auf dem modernen Maschinenkrieg ein uraltes Kraut wieder auf. Reine Spielerei? Ungenügen an Materialschlacht und anonymer Technik? Auch das Hobby bleibt am Krieg verhaftet.

*

Nach dem Krieg wird aus dem Hobby eine ganze Nebenwelt entstehen; ein Spektrum von Aktivitäten entfaltet sich: Man reist zu Turnieren, baut Schießstände, malt Scheiben, bastelt Bögen, näht Mützen (erst Basken-, dann Matrosen-, schließlich Robin-Hood-Mützen), tritt malerisch, mit Fanfarenzügen des DRK oder als seriöse Unterabteilung des besoffenen Schützenvereins beim Schützenfest auf, immer gerne kollektiv und uniformiert. Der Schütze möchte immer Teil des Apparats sein. Bogenschießen als vorindustrielles Alibi, ein nostalgischer Rest.

*

So war es wenigstens in der Zeit der Turniere und des normierten amerikanischen Schießens. Ein erster Rückfall kam mit dem Feldschießen Mitte der 60er Jahre, das führte zu einer Spaltung im Verein. Nicht mehr die runde Zielscheibe mit ihrem immergleichen Zahlenfeld stand im Mittelpunkt, sondern ein gemaltes Tier. Und das mußte erstmal – in Erinnerung an alten Jagdzauber – gemalt werden. Die Entfernungen folgten nicht mehr der Norm, sondern den Gegebenheiten der Landschaft. Das war nicht der glattgefegte Rasen mit einem Maximum an Homogenität (Minimierung von Zeit- und Raumqualitäten), sondern die Müllgrube, das bewaldete Hügelchen, ein Teich mit Büschen. Der Verein schrumpfte, es gab nur noch einen anderen in Westfalen, mit dem man in Wettkampf treten konnte (wo liegt Ostbevern, frage ich mich noch heute).

Zum ersten Mal revoltierte der Körper des Schützen gegen seine Maschinisierung. Der Abbau von Zielgeräten und überflüssigen Elementen am Bogen war die Folge. Weg mit den Fadenkreuzschußanlagen, hieß es, weg mit dem technokratischen Kropf. Wir verstehen uns nicht mehr als Konkurrenz zum Gewehr, dem wir immer unterlegen bleiben, wenn wir unter gleichen Voraussetzungen antreten. Im Grunde wiederholte sich eine Medienkonkurrenz, wie man sie aus dem 19. Jahrhundert kennt: die Krise der Kunst unter dem Eindruck der Photographie und die Krise des Originals im Zeichen seiner technischen Reproduzierbarkeit. Das Schießen mußte individueller werden, durfte nicht mehr austauschbar sein. Die Ergebnisseite mußte gegenüber der Erlebnisseite vernachlässigt werden. Nicht mehr der Schuß, sondern eine Gesamtheit an Bedingung und Erlebnis zählte. Das Feldschießen war die erste Abweichung, eine Annäherung an das natürliche Kontinuum – auch wenn dies selber nur künstlich in der Industriegesellschaft herzustellen war.

*

Und dann die Erinnerung an Dschuang Tses Geschichte von Dsi Gung: Der empfahl einem alten Gärtner, sich einen Ziehbrunnen zur Erleichterung seiner Arbeit zuzulegen. Doch der Gärtner ärgerte sich und sagte: »Wenn einer Maschinen benützt, so betreibt er all seine Geschäfte maschinenmäßig; wer seine Geschäfte maschinenmäßig betreibt, der bekommt ein Maschinenherz.«

*

Oder anders: die Wiederherstellung des Unbewußten, die Minimierung der Medien. Die bilden aber ein neues Unbewußtes, ein artifizielles – wenn der Schütze in den Apparat eingeschweißt wird wie der Motorradfahrer in seine Maschine – bilden ein gesellschaftliches Unbewußtes – während die Kultivierung des Einzelunbewußten Voraussetzung von Autonomie überhaupt ist. Auch hierzu gibt es eine taoistische Geschichte: Südwesen und Nordwesen wollen sich bei der Mitte – dem Unbewußten – bedanken: doch wie? »Die Menschen haben sieben Öffnungen zum Sehen, Hören, Essen und Atmen, nur er hat keine. Wir wollen versuchen, sie ihm zu bohren.« So bohrten sie ihm jeden Tag eine Öffnung. Am siebten Tag, da war der Unbewußte tot. (Das neue Unbewußte ist die Bewußtlosigkeit des Todes; jede Apparatur ist ein Bohrgerät).

*

Der Atem muß in der Lage bleiben, die Technik zu integrieren. Gestalt statt Gewalt, wie es Hugo Kükelhaus formulierte. Natürliche Technik, die auf menschliches Maß bezogen ist: – nicht-titanisch.

*

Der nächste Schritt war: mein Vater bestellte sich unversehens Filme über das japanische Bogenschießen (Kyudo) von der Botschaft in Bonn, die auch gleich reagierte. Auf einem alten Filmprojektor wurde im Schützenhaus vorgeführt und analysiert, Bögen besorgt durch die Japaner, schließlich lud man japanische Schießmeister ein. Es wäre nötig zu erzählen, welchen Eindruck das Auftreten dieser Leute im Dorf machte, Zen auf dem Fußballplatz, die rituelle Sicherheit, Formvollendung, Selbstbeherrschung, das Gehen und Stehen aus der Bauchmitte heraus. Da ahnte manch einer, daß es mit den westlichen Solar Plexus, dem Sonnengeflecht nicht stimmte, und manch einer verwechselte die eigene preußische Stange im Rückgrat mit der

Haltung dieser Gäste. Und die Schießvorführung im Garten des Steuerberaters – als der Achtzigjährige den Bogen spannte – da stand auf einmal ein ganzes Dorf unter Strom.

*

Mein Vater entwickelte dann – im Bewußtsein der Andersheit und der Unerreichbarkeit des Kyudo – eine Synthese west-östlichen Schießens, soweit das mit seinen Mitteln möglich war: meditatives Schießen. Und die wichtigste Botschaft hieß – keine Botschaft. Jedenfalls wurde das Ziel nebensächlich, Ergebnisse zu Abfällen. Einstellung statt Ergebnis, Innen statt Außen, besser: Innen und Außen eins. Wenn ein Ziel, dann dieses.

*

Zeit. Gibt es eine Poetologie des Bogenschießens (d. h. ein Ort, an dem das Schießen ins Schreiben übersetzbar ist), dann wird sie auf die Zeitlichkeit sich beziehen müssen. Das Entstehen von Zeit in Bewegen – Spannen – Atmen. Die Auflösung der Zeit im Moment des Schusses – der Pfeil löst sich von der Sehne, er löst sich aus einer menschlichen Raum-Zeit-Welt und betritt die eigene, nicht-subjektive Zeitlichkeit. Denken heißt Überschreiten, schrieb Bloch. Daß es keine Zeit gibt, das demonstrierte Zenon am Flug des Pfeils.

*

Wie Brücke, Turm und Schwelle verbindet der Pfeilflug zwei Welten, der Pfeil ist Mittler – zwischen Subjekt und Welt, Diesseits und Jenseits, Praxis und Idee, Nähe und Distanz, Anfang und Ende, Vorstellung und Wirklichkeit. Schreiben: man muß wissen, wann der richtige Zeitpunkt gekommen ist für das Eintreten der Vermittlung. Damit hatten wir unsere größten Schwierigkeiten beim Schießen: nicht nur zu *wissen* (das war leicht), wann das Los-lassen geschehen muß (es gibt nur einen Moment), sondern es auch umzusetzen in die Handbewegung. Diese Einheit vom richtigen Handeln im richtigen Moment gewährt nur der Atem. Das Ziel atmet. Du atmest. Es gibt den Punkt, an dem sich die Schwingungen schneiden; wie beim Orgasmus.

*

Zeit. Das moderne Schießen als Hochleistungssport entspricht dem technisch-wissenschaftlichen Experiment. Die Eliminierung von äußeren Bedingungen war Voraussetzung für das Experiment Wissenschaft: Ausschaltung von Zufall, Klima, zeitlich-örtlicher Besonderheit – die Kunst allein beharrt darauf. Wenn der Leistungssport also Experiment ist – wer experimentiert und zu welchem Zweck?

*

Figuren im Verein.
- Der kanadische Soldat der benachbarten Garnison, der sich von der Technik erholen wollte.
- Die Dorfdame, die das Gesellschaftliche Leben suchte.
- Der Hypnotiseur, der seine geistigen und somnambulen Kräfte steigern wollte.

*

Das Eintauchen ins Immaterielle, mittels weniger und einfacher Handgriffe. Das Instrument nur eine Verlängerung, eine Ausstülpung des Organismus.

*

Gibt es eine Nähe zur Musik? Das Schwirren, der Klang der Sehne. Nichts, was zum Marschtritt der Soldaten paßt – dieser Tritt nimmt die Abfolge des MG-Feuers vorweg. Apollons wichtigstes Attribut ist neben dem Saitenspiel der Bogen: »Leier und Bogen will ich lieben!« ruft er aus. Die halbe Unsichtbarkeit ist Inbild der Einflußnahme der Götter auf das menschliche Geschehen: Pfeile des Verderbens, der Liebe, des sanften Todes. Saiten und Sehnen sind aus demselben Material (Tierdärme). Die Sehne tönt. Odysseus läßt sie singen. Die Skythen machten nach Plutarch beim Trinken Musik mit ihren Bögen; ebenso die Perser vor der Schlacht. Das Lied ist ein Pfeil. Die Erkenntnis trifft. Hölderlin: »...so habe den Dichter der Gott gebraucht als Pfeil, seinen Rhythmus vom Bogen zu schnellen...« Und Heraklit redet von der »gegenstrebigen Vereinigung wie die des Bogens und der Leier.« Octavio Paz: El arco y la lira.

*

Wie gesagt, das Bogenschießen habe ich aufgegeben.

Das entleibte Wort

Fragmente zum Verhältnis von Körper und Dichtung

> Das poetische Wort ist nicht ein wiederkäuendes, sondern ein entdeckendes Wort. (Oskar Loerke)

Seitdem gestern mein Schreibcomputer zusammengebrochen ist – FATAL! rief der Bildschirm – kann ich mich eines Gefühls der Befreiung nicht erwehren. Das Gerät war eine Abschreibmaschine, auf dem die Finger monoton herumtanzten nach den Gesetzen von Alphabet, Tastatur und einer von klugen Programmierern ersonnenen Sprache. Ein Tanz ohne jede Grazie, eher ein verbissenes mechanisches Ballett, das keine Gefühle, sondern nur elektronische Signale hervorrufen will. Tanz also nicht, vielmehr ein Minimum an Bewegung, das dem Gesetz zur Minimierung von Raum und Zeit folgt, nach welchem die Digitalisierung angetreten ist, die Welt zu verändern.

*

Der erzwungene Rückschritt hat, wie so mancher Rückschritt, unter anderem auch eine gute Eigenschaft. Sie besteht darin, daß er das bewußt macht, was längst der Automatik verfallen war. Rückschritte verfremden. Hier ist es die Einsicht, daß die besinnungslose Tipperei sich vollständig autonomisiert hat. Die Vertreibung der Handschrift – die natürlich schon lange vor den Computern begonnen hat – entstammt jener Dissoziation von Hand und Schrift, durch die eine Zone der Gleichgültigkeit zwischen dem Subjekt und seiner Welt aufgebaut wird. Ein Sperrgebiet, in dem alles gleich gilt. Der Impuls hat die Bewegung ersetzt – und dem Impuls ist es eins, ob er Schaltungen auslöst, die eine Interpretation des *Westöstli-*

chen Diwan drucken oder Bomben werfen und Gasduschen öffnen. Eine körperlich ausgreifende Bewegung ist demgegenüber nicht moralischer: Ich kann den Arm heben, um jemanden den Kopf abzuschlagen oder um einen Spaten in die Erde zu stechen. Aber die Frage, ob ich Gutes oder Böses tue, verläßt mich nicht so leicht; sie ist sozusagen Teil meines Körpers.

*

Vom Moralischen abgesehen: Handschrift – gemeint ist eine solche, die sich ihrem eigenen Gestus hingibt und nicht die normierte Kleinhänschenschrift, die die Schulen vermitteln – Handschrift in diesem Sinne ist eine Verbindung von Abstraktion und Körperlichkeit. Sie fängt gleichsam die Impulse des Gehirns bildlich auf und setzt sie um in Schleifen, Schlingen, Knoten und Gebärden. Solche Schrift wäre einer der wenigen verbliebenen Orte, wo wir noch etwas geschehen lassen können, ohne zu machen, d.h. Orte, die noch nicht ganz kolonialisiert sind. Als solche ist Handschrift auch Ausdruck der Möglichkeiten von Sprache selbst. Schreiber und Leser solcher Schriften – ich denke hier z.B. an die von Hugo Kükelhaus, der sie oft als Faksimile drucken ließ – verhalten sich wie Knotende und Aufknotende.

*

Sprache selbst ist ein solches komplexes Knotengefüge, in dem Information und Ausdruck zusammengehen als Leistungen unterschiedlicher Teile des Organismus – Großhirn, vegetatives Nervensystem (Rhythmus, Mimik, Musikalität), muskuläre Motorik, Stellung von Zähnen, Zunge, Gaumen usw. Ein solches Zusammenspiel ist schon eher einem Tanz vergleichbar, der ja auch eine bewegte Gestaltung von räumlichen Bezügen ist. Kein Zweifel nun, daß durch die Übermacht von digitalen Apparaten und Medien mit deren Zwang zur Eindimensionalität diesem Tanz die Luft ausgeht. Wenn bei der digitalen Impulstechnik die Bewegung als automatisierte den Schreibenden zu einem Reflexbündel macht, dann geschieht in den Medien ähnliches durch die Verkümmerung der Sprache, die ebenfalls immer mehr zu einem Impulsfeld wird: reflexauslösende Werbung, Trivialität der Shows, seichtes Wiedererkennen des ohnehin Bekannten, Floskel der Nachrichtensendungen. Die Herrschaft der ›Plastikwörter‹ (Uwe Pörksen), die jede Geschichtlichkeit abstreifen, ist kaum noch zu übersehen.

*

Einzig wo die Sprache sich Biotopen gebildet hat, also vielleicht in der Sprache der Kunst und der Dichtung, wenn es sie denn noch gibt, scheint es möglich zu sein, die alten Verbindungen zwischen Körper – Geist – Seele zu erkunden und zum Ausdruck zu bringen, wenn auch zunächst nur in einer bewußten Fortschreibung der negativen Tendenzen oder in deren Verfettung und Verfilzung. Die Kunst verwaltet die Reliquien des Zusammenhangs. Sie durchsticht die entzündeten Wände der Spezialisierung; und groß ist die Enttäuschung, wenn erst nur Eiter fließt.

*

Die alte griechische und anderswo anzutreffende Einbindung des dichterischen Textes in Tanz. Ritual, Musik oder die Bewegung der klassischen Olympiaden steht für den Westen am Ursprung einer solchen Verwirklichung des ganzen Menschen, mit Haut und Haaren. Dies wörtlich, wenn man an Gänsehäute und zu Berge stehende Haare denkt, die zu der Begegnung mit dem Erhabenen und Schaudernden gehören. Immer wieder zeigt die Kunst- und Literaturgeschichte Spuren einer Erinnerung an solche Möglichkeiten, wo die Organe über ihre Spezialisierung hinausweisen auf eine andere Ordnung. Erinnerungen sind aufzufinden in den concetti des Barock, den conceits der metaphysischen Dichter Englands, in Shakespeares gewagten Metaphern ebenso wie in den Synästhesien der Romantiker und Symbolisten des 19. Jahrhunderts. In Laut und Bild erhält sich, wie Octavio Paz gezeigt hat, die Sprache der Analogie; diese macht die Welt bewohnbar. [...] So ist die Welt nicht länger ein von Zufall und Laune gelenktes Schauspiel, in dem die blinden Kräfte des Unvorhersehbaren herrschen, sondern sie wird vom Rhythmus und seinen Wiederholungen und Konjunktionen regiert. Sie ist ein Theater des Gleichklangs, in dem alle Ausnahmen, auch der, Mensch zu sein, ihr Doppel und ihre Entsprechung finden.

*

Bei den Romantikern, so Paz, beginnt der Körper zu sprechen. Sie entdecken zudem den Versfuß als Fuß wieder, d.h. sie erfahren die metrische Bewegung in ihrem Spannungsverhältnis zu den Weisen des Gehens. Es tauchen in dieser Zeit, als die Straßen zunehmend befahrbar, macadamisiert werden und die Transportnetze sich ausbreiten, ausgefuchste Geher auf, denen das Bewußtsein eines bevorstehenden weiteren Abbaus von Körperlichkeit eingeschrieben ist, z.B. Johann Gottfried Seume.

*

Entsteht bei den Romantikern dieses Bewußtsein aufgrund einer Dissonanz, so liegt der Höhepunkt einer Einheit von Fußbewegung und dichterischer Sprache jedoch weit früher, wenn man Ossip Mandelstams Beobachtungen folgt, die er zu Dante gemacht hat:

> Das *Inferno* und insbesondere das *Purgatorio* rühmen den menschlichen Gang, das Maß, den Rhythmus der

Schritte, den Fuß und seine Form. Der Schritt, an den Atem gebunden und von Gedanken gesättigt, ist für Dante der Anfang der Prosodie [...] Der Versfuß ist Einatmen und Ausatmen, Schritt. Ein schlußfolgernder, wacher, syllogisierender Schritt.

*

Im 19. Jahrhundert, angesichts des zu erwartenden Verschwindens bestimmter Bewegungen, wurde das Gehen zu einer unschätzbaren Fähigkeit, die es auszukosten galt. Der Amerikaner Henry David Thoreau erblickte im einfachen Gehen eine Form der Pilgerschaft. Für ihn ist der Gehende, wenn er auf jegliche Ziele verzichtet, unterwegs zu einem heiligen Land, das geographisch nicht mehr zu lokalisieren ist. Der Gehende ist demnach der ›saunterer‹ – ein Wort für die Müßiggänger, die im Mittelalter bettelten, indem sie behaupteten, sie seien unterwegs zur Sainte Terre, zum Heiligen Land. Die andere Etymologie, mit der Thoreau spielt, nimmt dagegen das Gehen als Form des Exils auf; das Wort ›saunterer‹ stammt dann von ›sans terre‹ ab. Ob diese oder jene Etymologie, es geht in beiden Fällen um die exterritoriale Situation des modernen Menschen. Und dort, wo der Mensch nicht mehr bei sich ist, fängt er an, um so mehr über sich zu reden. Der Körper selbst ist heimatlos, wo er nicht mehr Leib sein kann, wie die Autoren der *Dialektik der Aufklärung* sahen. Dann bleibt ihm nur noch der Sport.

Kunst und Sprache der Dichtung könnten diesem Bewußtsein ohne Leib einen Aufenthalt geben, in dem die Erinnerungen wach werden. Sprache könnte zu einem zweiten Leib werden.

*

Rimbauds Forderung nach dem »dérèglement des sens«, der Verwirrung der Sinne als Grundlage des modernen

Dichtens, ist gleichermaßen Ausdruck einer solchen Dissoziation von Leib und Körper. Nun schießen die Bilder haltlos in die geistige Stratosphäre, denn sie sind für den Körper unbrauchbar geworden. Die Sinne vermitteln keinen Sinn mehr und entlassen ihre Wahrnehmungskräfte, so wie eine Armee nach verlorener Schlacht aufgelöst wird. Der dichterische Gedanke wird zum Bärenhäuter oder zum dernier cri, den wir morgen, in Katerstimmung, wieder vergessen dürfen. Wahrnehmung hat mit Wahrheit nichts mehr zu tun – so will es eine verwissenschaftlichte Welt, in der sich bestimmte Leistungen des Großhirns nicht nur verselbständigen, sondern auch dem Menschen als Außenwelt wieder entgegentreten. Die anderen Leistungen bringen nichts mehr, sind funktionslos, ökonomisch obsolet oder schädlich gar in einer solchen Umwelt, die zurückschlägt auf die Körper, die in ihr zu leben versuchen. Der Körper, der wieder zum Leib werden will, wird entweder krank oder erzeugt politische Wahnvorstellungen.

*

Ist also Einheit überhaupt erstrebenswert? Kunst als Medium des Widersprüchlichen und in sich Vielfältigen, Vielgefalteten ist wohl eher in der Lage, ein Verhältnis zwischen dem Leib als ursprünglicher, mythischer Ganzheit und dem Körper als Funktionsträger in einer spezialisierten Welt zu erzeugen. Dieses Verhältnis ist nicht zu verstehen im Sinne einer ausgrenzenden und auswalzenden Einheit, sondern im Sinne der Polarität, wie sie Heraklit früh und kritisch formulierte: »Sie begreifen nicht, wie das Auseinanderstrebende mit sich selber übereinstimmt; es ist die Harmonie entgegengesetzter Spannungen, wie bei Bogen und Leier.« Oder in einem anderen Bild: »Der Weg der Schraube – gerade ist er und krumm.«

*

So waren denn die Einheitsversuche der Romantiker – bei denen Drogen und Rauschmittel eingesetzt wurden, freiwillig oder zwanghaft – zum Scheitern verurteilt. Von Coleridge und de Quincey bis hin zu Baudelaire wurden aus den chemisch induzierten Visionen nach und nach Alpträume. Das Opium hat eher dazu beigetragen, die Lösung des Leiblichen vom Körper nur noch zu beschleunigen, obwohl die Rauschsubstanzen doch die Reaktion waren auf die exilierte Wahrnehmung, auf eine Wahrnehmung, der der Gegenstand abhanden gekommen war. Die Dichtung des Symbolismus versuchte sodann, durch Bildsättigung und Musikalität zusätzlich körpereigene Rauschstoffe zu aktivieren.

*

Seit Mitte des 19. Jahrhunderts steht die Metapher im Mittelpunkt der Diskussion. Der Mythenhistoriker Max Müller hält sie für eine Krankheit der Sprache, aus der die Mythen erwuchsen. Psychologen verweisen auf den Fehlleistungscharakter, der ihnen individuell zugrundeliegt, auf die Nachbarschaft zum Wahn. Poetiken fordern die extravagante Metapher ebenso wie den Verzicht auf sie. Dies alles sind Anzeichen dafür, daß die Metapher einen Kern enthält, der mit der Epoche innig korrespondiert.

*

Was geschieht in Metaphern – wenn nicht die Verfugung des bislang Unverfugten, die Verstrebung des Unverstrebten. So gesehen wäre eine Metapher für die Metapher das »Bauwerk«, eine Metametapher. In der Metapher wird ebenso gebaut wie in aller sprachlichen Arbeit. Tote Metaphern schwimmen wie nutzlos gewordene Bauteile im trüben See des Klischees. Bauwerke können bewohnbar sein – sie können aber auch Richtungen weisen als Tore, Kirchtürme, Brücken, können erinnern als Denkmäler, prunken als Paläste. Bewohnbare Metaphern?

Eigentums-, Hochhausmetaphern. Der Lyriker im Dienst des Tiefbauamts.

*

Metaphern, frische, sind Wahrnehmungsorgane für neue oder verlorengegangene Realitäten. Als Sinnesorgan ermöglichen sie Wahrnehmung und erschaffen damit zum Teil Realität. Wordsworths »half-created, half-perceived« gilt besonders für diese tausendfältigen Augen, Ohren und Nasen, die der Sprache eingewebt werden. Mit der Metapher riecht, fühlt, sieht, tastet man anders – sie verändert die eigene Befindlichkeit. Eine Metapher kann dich zum Säugling ebenso machen wie zum Tannenzapfen oder die Liebenden zu zwei Enden eines Zirkels. Sie übt Macht aus, indem sie verwandelt; sie kann Volksmassen aufpeitschen wie eine chemische Lösung. Sie kann aber auch durch die erweiterte oder verengte Wahrnehmung in das Gefüge der Emotionen, in die Dinglichkeit so hineinschauen, daß sie kraft ihrer Fähigkeit der Zusammenfügung die Analogien enthüllt, aus der die Wirklichkeit ihre Existenz bezieht: als jenes Spiel von Ähnlichkeiten und Gegensätzen, von Variation und Überraschung, das auch die Physiologie unserer Sinne ermöglicht. Metaphorik als bildliches Sehen ist demnach auch Anamnesis – Erinnerung an lebende Zusammenhänge, Erinnerung an ein partizipatorisches Erleben der Welt – und damit das Gegenteil von Gleichgültigkeit. Oder wie der englische Philosoph Owen Barfield es ausdrückte: »Die Welt, wie Dionysos, wird vom reinen Verstand in Stücke gerissen; aber der Dichter ist Zeus; er hat das Herz der Welt verschluckt; und er kann es als lebendigen Leib wieder erzeugen.« Anders gesagt: Die Metapher hat eine ökologische Dimension. Ähnliches gilt für den Reim, über den Oskar Loerke schrieb, er habe einen Urdrang »zu gesellten Dingen lebendige Geister zu gesellen, damit sich der Bestand der Schöpfung selbst begreife [...] Der Reim macht heimisch in der Welt.«

*

Wenn Sinneswahrnehmung erst möglich wird durch das Spannungsgefälle zwischen Umwelt und Mensch, so gilt dies gleichermaßen, wenn nicht verschärft für die Dichtung. Poetische Erfahrung leitet sich her aus der »Differenz von Potentialen« (Barfield). Sie lebt im Übergänglichen, ist Erfahrung des Übergänglichen als Vergnügen, Spannung, Einsicht, Bewegtheit, Schauder. Die technische Zivilisation ist nicht nur angetreten, Raum und Zeit zu minimieren, sondern auch Ergebnisse zu »zeitigen«. Wie das Verb zeigt, wird Zeit zu einer Funktion, von der Produkte und Fertiges erwartet werden; mit anderen Worten, die Zeit wird zum Automaten. Die darauf aufbauende Welt ist eine Summe von Ergebnissen. Von den Phänomenen, von der Vielgestaltigkeit des Lebendigen her, sieht das anders aus. Ergebnisse sind Endprodukte. Identisch mit dem Ergebnis ist der Tod, und nicht einmal dieser. Alles andere ist Durchgang und Übergang, sich selbst verwirklichende Gesetzlichkeit, die sich zugleich aufhebt. Nach einem Wort von Hugo Kükelhaus ist Gott nicht, sobald man meint, er sei.

Die Digitalisierung mit ihrer binären Entscheidungsstruktur hat den Übergang links liegen lassen. Allenfalls die Suche nach einer mathematischen Umsetzung der fuzzy logic, der Ungenauigkeit des Alltagsdenkens und des Erlebens überhaupt, wie sie derzeit in den Computerwissenschaften unternommen wird, läßt ein Bewußtsein dieses Defizits erkennen. Lebensprozesse sind Übergänge, und in der Kunst, der dichterischen Sprache werden solche Übergänge noch denkbar und realisierbar. Oder in der Handschrift, wo sich Buchstaben zwischen Ausdruck und Lesbarkeit durch die weiße Fläche wurschteln und sich Übergänge schaffen müssen. Übergänge zwischen hier und dort, dir und mir, Geist und Körper, Sonne und Mond, rot und gelb; in ihnen lebt der feine Duft des Lebendigen.

*

Die Entdeckung des freien Verses, der ungebundenen Poesie läuft parallel mit der Zunahme von Bewegung auf Rädern in unserer Kultur. Das Gehen gab den Sinn für Rhythmik. Nun wollen wir keine Gedichte mehr auswendig lernen.

Der Fuß versteht, so wie die Hand begreift. Fuß und Ohr – Hand und Auge. Hand ist weniger rhythmisch als Fuß, sie ist auch freier. Fuß muß, Hand kann. Hand ist weniger vegetativ, willkürlicher deshalb. Machtgesten der Könige, Kanzler und Diktatoren vollbringt die Hand. Sie macht. Der Fuß ist machtlos, untertänig. Von nun an können Verse gemacht werden. Poe, Baudelaire, Valéry, Benn entdecken dies und geben es weiter als Poetik. Handrhythmik – Tipprhythmik. Die Gedichte von e.e. cummings sind ohne die Schreibmaschine kaum denkbar.

*

Wie kann es weitergehen? Peter Viereck, der amerikanische Lyriker, sieht Biologie der Dichtung im Rhythmus und verlangt die Anerkennung des metrischen Verses, sonst entleibe sich die Dichtung. Denn, so Viereck, alle unseren Lebensvorgänge seien rhythmisch von der Wiege bis zur Bahre. So das Atmen, der metrische Vorgang par excellence. Wenn einer künstlich beatmet werde, so ginge dies nur in der Abfolge von Iamben. Aber dem ist hinzuzufügen: Ein operierender Arzt darf nicht iambisch vorgehen, meist auch nicht rhythmisch, sondern er muß sich auf die Lebensrhythmen beziehen, ohne ihnen sein eigenes rhythmisches Muster aufzudrängen.

William Carlos Williams, der Arzt und Lyriker, erkannte dies, als er die ›freien Rhythmen‹ seiner Gedichte entwickelte, eine Struktur, die den Rhythmen nachgeht, die unbewußt durch die Alltagssprache sich ziehen. Er schärfte damit den Sinn für die Tatsache, daß es größere Rhythmenfolgen und kleinere gibt, wobei sich viele dem Bewußtsein entziehen. Wir kennen bislang nur die kleinen Einheiten – Iambus, Anapaest usw. Der freie Vers ist möglicherweise auf der Suche nach den übergreifenden Rhythmen – dem Takt der Epoche, der Lebensbahn, dem Atemzyklus des Planeten, dem Rauschen der Zeit. So bleibt alles offen. Die stammelnden Versuche unserer modernen Lyrik sind vielleicht Ausdruck eines anderen, noch unhörbaren Metrums, die Metaphern kümmerliche Negative noch unsichtbarer Bildwelten und Zusammenhänge, in denen wir uns als Elemente zurechtzufinden haben. Wenn Dichtung Wissen ist vor aller Wissenschaft, wenn sie Erkenntnisse bereithält, dann betreffen diese den Menschen in seiner organisch-seelischen Gesamtheit.

*

Die öffentliche, politische wie wissenschaftliche und technische Sprache ist eine Sprache der Sicherungen. Wo diese durchbrennen, wird repariert und therapeutisiert. Information und logische Sicherungen wie Beweis und Verifikation bilden die eine Ebene; die andere, die die Sicherheit der Gruppe verspricht, ist die des Klischees, der Phrase, des Gemeinplatzes. Aber die Beweise ermüden die Wahrheit – wie Georges Bracque wußte –, und die Phrase höhlt sie aus. Demgegenüber kann Dichtung das Prinzip der Entsicherung verfolgen. Was sie erarbeitet durch Entsicherung, ist einer anderen Gesellschaft, einer Vision des Anderen zugedacht. Wie Mandelstam 1928 schrieb: »Ich fühle mich als Schuldner der Revolution, bringe ihr jedoch Gaben, die sie vorläufig noch nicht benötigt.

*

Wie in einem verwilderten Garten halten sich in der Dichtung hartnäckig Erinnerungen. Spielerisch vermittelt sie zwischen Chaos und Ordnung; entsichert diese wie sie jenes im Ausdruck bindet oder aus anderen Zusammenhängen her erklärbar macht. Sie erweckt die Sinne zu einem Zusammenspiel, das diesen ausgetrieben wurde zum Zwecke der Funktionssteigerung. Das Wort wird Fleisch, wo es rhythmisch und bildlich an die Potentiale des vegetativen Nervensystems anknüpft; Fleisch dort zum Wort, wo es seine Atavismen transzendiert oder in Mitteilungen umwandelt. Aber der Leib selber transzendiert sich ohnehin, wenn er in seinem intentionalen Spiel zum Ausdruck gelangt. Kükelhaus:

> Der Organismus hält sich durch den Prozeß des ›Transzendierens‹ in der Balance [...] Heute können wir uns nicht mehr der Einsicht verschließen, daß der Leib in allen seinen Prozessen überhaupt nur durch das existieren kann, was bisher Theologie und Philosophie für sich allein in Anspruch genommen haben: durch Transzendieren, d.h. durch die Ablösung von sich selbst [...]

*

Die Gegenwart, wenn man sie denn verräumlichen kann, ist im Körper anzusiedeln, genauer: im Leib. Dieser revoltiert nach Octavio Paz gegen die Zukunft, die ihm als Fortschritt, Arbeit, Sparsamkeit und Über-Ich entgegentritt. Der Körper revoltiert auch gegen die Vergangenheit – gegen andere, rückwärtsgewandte Über-Ich-Bindungen, gegen Tradition. Dennoch ist er die einzige Brücke, der Durchgang von Vergangenheit zur Zukunft. Er ist der Übergang selbst, daher so vergänglich.

Sprache ist Zukunft und Vergangenheit zugleich: Planung, Arbeitsinstrument, Erwartung von Antwort ebenso wie Erinnerung, Wortschatz, Repertoire. Jeder Satz ist ein Übergang, kaum einer will für sich genommen werden (außer bei Aphoristikern – doch die leiden laut Nabokov an Sklerose). Die dichterische Haltung kann Gegenwart in der Sprache erzeugen: ein Ausbalancieren des Nicht-Gegenwärtigen, das zur Transzendenz wird. Im ruhigsten Punkt, ganz unten, ist die Kraft des Pendels am größten. Die Poesie bringt die Sprache in die Gegenwart des Körpers. Wo sie sich erinnert, tut sie dies im körperlichen Nachvollzug; wo sie hofft, entwirft, bildet, tut sie dies als Geste des Augenblicks. Die poetische Sprache selbst – der unverwirklichte Leib.

*

Kunst verbraucht nicht – sie erzeugt Zeit.

*

»Die abstrakten Begriffe riechen am Ende einer historischen Epoche immer wie fauliger Fisch. Lieber also das zornige und fröhliche Zischen russischer Verse.« (Mandelstam)

LITERATUR

Barfield, *Owen: Evolution – der Weg des Bewußtsein*, Aachen 1991.
Ders.: *Der Sprecher und sein Wort*, Dornach 1982.
Ders.: *Poetic Diction. A Study in Meaning*, London 1928.
Burnshaw, Stanley: *The Seamless Web*, New York 1970.
Johnson, Mark: *The Body in the Mind. The Bodily Basis of Meaning*, Imagination and Reason, Chicago 1987.
Kükelhaus, Hugo: *Organismus und Technik*, Olten 1971.
Loerke, Oskar: *Das alte Wagnis des Gedichts*, Frankfurt/M. 1961.
Mandelstam, Ossip: *Gespräch über Dante*, Berlin 1982.
Ders.: *Das Rauschen der Zeit*, Zürich 1985.
Paz, Octavio: *Der Bogen und die Leier*, Frankfurt/M. 1983.
Ders.: *Die andere Zeit der Dichtung*, Frankfurt/M. 1989.
Thoreau, Henry David: »Walking«, in: *Excursions*, Boston 1879.
Vernon, John: *Poetry and the Body*, Urbana, Ill. 1979.
Viereck, Peter: *The Archer in the Marrow* (Appendix), New York 1988.

Der aufgefangene Fall

Notizen zur Literaturgeschichte des Gehens

Wo ein Fuß ist, ist auch ein Weg.
(J. v. Uexküll)

Gehen ist nicht mehr selbstverständlich. Man hört die verschiedensten Theorien von besorgten Müttern, die bei ihren Kindern die Krabbelphase vermissen und erschrecken (oder stolz sind) über das schnelle Wechseln vom Sitzen zum Gehen. Jedenfalls soll dies Phänomen zugenommen haben. Handelt es sich um einen Verlust von Zwischenwelten, in denen das Gehen eingelagert war wie die Perle in der Auster, um einen Verlust von Übergängen? Oder ahnen die Kinder, daß es mit dem Gehen noch nicht sein Ende hat, daß noch anderes kommt und keine Zeit zu verlieren ist?

*

Während in der Sprache noch fast alles geht. Aufgehen, abgehen, untergehen, eingehen, vorgehen, vergehen... Keine Tätigkeit, die auf so vieles beziehbar ist wie das Gehen. Selbst ›tun‹ oder ›sehen‹ kommt da kaum mit.

Dieses geht und jenes geht nicht. Wenn etwas paßt, muß es gehen, sich bewegen – von allein sich bewegen – im Neutrum: *Es geht.*

*

Wenn also die Sprache immerzu vom Gehen redet, gibt dies zu denken. Sollte sie die ganze Zeit vielleicht auch von sich reden? Wäre Sprechen ein akustisches Gehen – und damit Denken ein unsichtbar gewordenes Gehen? Oder wie Oehler in Thomas Bernhards *Gehen* sagt »Die Wissenschaft des Gehens und die Wissenschaft des Denkens sind im Grunde genommen eine einzige Wissenschaft.«

*

Gehen und Denken eins? Der Fuß versteht. Setzt Gedankenfolgen als Schrittreihen. Wirkt durch seinen Takt rhythmisch a-rhythmisch auf Gehirnströmungen. Er rhythmisiert Denkfelder. Ist mal Prosa, mal Vers-Fuß. Mal dem Herzschlag näher, mal der Landschaft; immer aber Vermittler zwischen beiden, Subjekt und Objekt. Ein Experiment also, der Fuß wie der Mensch. Vermittlung, die nicht gelingt: Straucheln, Stolpern, Taumeln, Hinken. (Das Hinken der alten mythischen Schmiede ist verräterisch. Sie stehen nicht im Dienste der Menschen, nicht einmal der Götter, sondern der Titanen, die etwas anderes mit dem Planeten vorhaben als wir. Wir?)

*

Das Herz wird übermäßig. Die Landschaft unterwirft – Stehenbleiben; Atem muß nachkommen. Die Blasen am Fuß als Haltesignale – Einheit von Physis und Psyche. Schon beim Radfahren ist das Gefüge gestört: Man kann, ohne es zu merken, zuviel fahren. Die Reibung mit Materie ist eingeschränkt und diese Reibung ist das natürliche, über Jahrtausende hinweg eingespielte Korrektiv. Aber innerhalb des Gelingens Spielraum: vom Schleichen, Kriechen und Sich-Schleppen bis hin zum Hüpfen und Laufen.

*

Wie geht man im Paradies? Gibt es ein Gehen in unserem Sinn – oder nicht eher ein Sich-Ergehen, ein Wandeln und Wallen? Das jedenfalls scheinen westliche Phantasien anzudeuten, sagen wir Blakes Illustrationen zu Dante. Erst nach dem Sündenfall beginnt das eigentliche Gehen, das Suchen, Ergreifen, Ziele anstreben, die vielfältigen Täuschungen der Selbstverwirklichung.

Auch dabei erweist sich die Romantik als paradiesbewußt – oder verführt durch Sehnsucht. Die Wiederentdekkung des kreisenden Bewegens; das Wandeln und Wallen in der Lyrik eines Brentano; das schweifende Wandern bei Eichendorff; die Rückwärtsphantasien eines Novalis. Die sentimentalische Wiedereroberung der Ursprünge, die ungeometrische und a-lineare Bewegung der Imagination. Die Versuche, den Sündenfall rückgängig zu machen.

Gibt es überhaupt Bewegung im Paradies? Wenn die wohl kabbalistische Lehre stimmt, daß nämlich im Paradies ein Ding das andere widerspiegelt, alles im Austausch steht aufgrund der Teilhabe am Göttlichen, dann ist die körperliche Bewegung überflüssig. Als Karikatur dieses Zustands wiederholt die neue Welt der Medien diese Anwesenheit alles dessen, was nicht hier ist, bei gleichzeitiger Bewegungslosigkeit.

*

Wer die ersten Gehversuche des Kindes studiert, merkt, daß der gelungene Schritt – wie beim Schwimmen – zunächst mal ein Sich- Fallen-Lassen bedeutet. Wer sich nicht fallen *läßt,* fällt tatsächlich. Gehen ist – wie Hugo Kükelhaus erkannte – ein aufgefangenes Fallen.

Gut hundert Jahre früher hatte das schon der Theologe und Autor phantastischer Literatur, der Schotte George MacDonald gesehen, als er in einem Brief schrieb: »Der Versuch, das auszudrücken, was ich meine, ist dieselbe Art des Scheiterns, die das Gehen ist – eine einfache, ständig wiederkehrende Erholung vom Fallen.« Dann gilt die Frage ebenso: Ist Denken ein ständig aufgefangenes Nicht-Denken? Aber was ist eigentlich das Gegenteil des Denkens? Ist es mit Denken überhaupt zu erfassen? Ist der Fall durch das Gehen zu erfassen, wenn er es konstituiert? Sobald ich ihn *erfasse,* hört das Gehen aber auf.

MacDonald war ein viktorianischer Romantiker; er übersetzte unter anderem Novalis. Wenn Romantik von den Ursprüngen des Gehens träumte, vom Gehen vor dem Fall, dann trat ihr um so deutlicher das Scheitern des gegenwärtigen Gehens – ein Scheitern des Körpers an der Schöpfung – vor Augen.

*

Das Gehen als Lesen, Lesen als Gehen. Ich lese gehend die Landschaft, die mir entgegentritt, und zwar Zeile für Zeile. Da gibt es kein Blättern von Seiten wie beim Fahren. Oder das Blättern ist höchst selten; wenn ich eine Bergkuppe erreiche, einen Ort verlasse, eine neue Aussicht bekomme. Doch mit dem 19. Jahrhundert, dank der Industrialisierung des romantischen Landschaftsgefühls, wird das Blättern in der Landschaft möglich, im Panorama nämlich und in den Apparaten, die dieses künstlich erzeugten. Einer der ersten, die Romantik mechanisierten, war der Landschaftsmaler de Loutherbourg in England mit seinem Eidophusikon. Die ersten bewegten Bilder wurden am 26. Februar 1781 gezeigt; das Thema lautete »Morgenröte in London«. Blättern wurde möglich nicht nur in der Landschaft, sondern auch in exotischen Welten und in der Geschichte. Das Blättern setzte Sitzen voraus, Stillstand jedenfalls, was das Gehen anging. Eine Erhöhung von inneren Temperaturen, eine Veränderung des Reizverhältnisses. Reiz und Motorik klaffen auseinander, Bewegung wird nach innen verlagert. Ausgleichsmöglichkeiten? Vielleicht der Rausch.

*

Und umgekehrt, das Lesen als Gehen? Die Augen gehen durch die Bücher, sie tasten füßchenweise die Wörter ab. Auch hier muß man historisch differenzieren. Das ursprüngliche Lesen ist noch mündlich, d.h. die Lippen werden bewegt, die Bewegung ist noch nicht ganz nach innen verlegt; Akustik wird nachgeahmt. Erst spät, vielleicht vom 18. Jahrhundert an, wird der Vorgang zunehmend unsichtbarer durch eine stärkere Umsetzung des visuellen Bildes. Die Augen, der Körper heben ab. Lesen verliert den Charakter einer körperlichen Gebärde, entfernt sich vom Sprechen. Dieses neue Lesen ist eher ein Fahren über die Zeilen; keine Punkt-zu-Punkt-Berührung von Schriftbild und Auge. Mit der Veränderung der äußeren Geschwindigkeitsmuster werden auch die inneren anders. Während die Straßen erste asphaltähnliche Belage bekommen (Macadam in England), um den Verkehr zu beschleunigen, wird das Lesen zu einem optischen Vorgang. Licht ist nun mal schneller als Schall und benötigt andere Rezeptoren im Gehirn.

Wenn Jean Gebser sagt, die Medien seien Projektionen des menschlichen Nervensystems, Ausstülpungen geradezu, dann ist dies die Veräußerlichung, die dem Vorgang der Verinnerlichung zugeordnet ist. Das Gehen als Leib-Seele-Einheit zerfällt, zurückbleibt inneres Gehen; Beschleunigung der mentalen Bilder wie des äußeren Verkehrs.

*

Die Dichter des 19. Jahrhunderts könnten Aufschluß geben. Die Romantiker zum Beispiel haben noch immer am empfindlichsten reagiert auf die unterschwellige Veränderung des Umgangs mit dem Material. Da gibt es die unruhigen Gestalten, die vom Gehen einfach nicht lassen konnten – die Metrik des Gehens als Antwort auf eine innere Unruhe. Schon der große Melancholieforscher des 17. Jahrhunderts, Robert Burton, sah im Gehen eine Therapie: Die Säfte des Körpers würden gestört, durcheinandergewirbelt und zerstäubt, also ausgeglichen in der Gehbewegung. Für die Romantiker Coleridge und Wordsworth hatte Gehen einen wohl direkten Zusammenhang mit dem Dichten. Von S.T. Coleridge heißt es, er dichtete, während er über unebenen Boden ging oder sich einen Weg durchs Dickicht bahnte. In dieser Hinsicht – also im Gehen als Auseinandersetzung mit Wildnis – war er romantischer als Wordsworth. Dieser konnte vor allem dichten, indem er auf einem geraden Kiesweg auf- und abging, wo er ungestört metrisch sein konnte. Den einen forderte die Asymmetrie heraus, der andere brauchte die gleichmäßige Schwingung. In beiden Fällen aber liegt eine intensive Beziehung zwischen Körperbewegung und Wortfolge vor, ein psychophysisches Wirkungsgefüge.

*

Klassik und Straße, Pfad und Romantik. In Goethes *Wahlverwandtschaften* ist es das romantische Pärchen Eduard und Ottilie, das auf bewachsenen Pfaden vordringt, auf der Suche nach Verirrung; während die Gesetzteren, Charlotte und der Hauptmann, auf gebahnten Wegen lustwandeln. Es sind, nach Goethe, die Unreifen somit, die die Geschichte vorantreiben, die die Wildnis begehbar machen.

*

Das Wort »Fortschritt« ist im Grund immer mißverstanden worden. Man sollte seine Ehre retten. Zeit also, sich bewußt zu machen, daß wir heute darunter nur ein Fort-Fahren verstehen, während es doch ein Fortschreiten sein sollte, eine gemessene und (menschen-)würdige Bewegung also, eine Übung im aufrechten Gang.

De Quincey bewunderte Wordsworths Gehleistung. Er berechnete sie auf ca. 300.000 Kilometer – das heißt den mehrmaligen Umfang des Globus. Für sich selbst ersann er lange regelmäßige Märsche als Gegengewicht zum Opium, dem er verfallen war. Ein Gegenrausch gleichsam. Seine Bewunderung für den philosophischen Exzentriker Walker Stewart bezieht sich nicht zuletzt auf dessen Geh-Künste. Stewart zieht mit seinen Wanderungen ein Labyrinth von Gehrouten über den Planeten, erschafft sich eine eigene Ordnung. Ein Globus, »der die endlosen Wanderungen von Mr. Stewart gezeigt hätte, würde ausgesehen haben, als sei er gesteift, in Zonen eingeteilt ... durch Kreisbahnen und Aufkreise, die sich einander annähern, sich kreuzen ... zusammenfallen, sich voneinander entfernen.« Sein Leben ein Kunstwerk vor der Zeit: Labyrinth als Weltordnung, so wie sie sich de Quincey selbst erträumte in seinen Opiumvisionen – zum Beispiel zu Piranesis *Carceri*. Eine Zeitschrift der Epoche attestierte Stewart, wohl eher im Witz, Ubiquität, Anwesenheit an mehreren Orten zugleich. Solche Phänomene werden vor allem in Labyrinthen erzeugt, wo die Linearität der Bewegung aufgehoben wird. Räumlich auch Stewarts Konzeption des Geistigen; eins seiner obskuren philosophischen Werke lautet *Travels to Discover the Source of Moral Motion* (der zweite Band übrigens heißt *The Apokalyse of Nature*).

Vielleicht nimmt dieser labyrinthische Weltplan, der zugleich Ordnung und Chaos verkörpert – je nach Standpunkt oder -höhe – die Gegenwart vorweg in ihrer Verdichtung der Verkehrswege, die ja inzwischen auch dreidimensional geworden sind. Die Koordinierung der Achsen zwingt auch zur Einbeziehung der Zeit als vierter Dimension. Elektronik, als Vernichtung von Zeit und Raum, wartet im übrigen mit ihren eigenen Phänomenen der Ubiquität auf.

*

Gehen verhält sich zum Fahren wie die Malerei zur Photographie.

*

Der große Wanderer Seume, der nicht wie Goethe mit der Kutsche nach Italien fuhr, sondern zu Fuß nach Syrakus ging, sah den Wahrnehmungsverfall voraus, der im Begriff war, alle Lebensbereiche zu erfassen: »Wer geht, sieht im Durchschnitt anthropologisch und kosmisch mehr, als wer fährt ... Ich bin der Meinung, daß alles besser gehen würde, wenn man mehr ginge ... Wo alles zuviel fährt, geht alles sehr schlecht, man sehe sich nur um! Sowie man im eigenen Wagen sitzt, hat man sich sogleich einige Grade von der ursprünglichen Humanität entfernt ... Fahren zeigt Ohnmacht, Gehen Kraft.« Neu ist das humane Moment. Die körperliche Bewegung erhält die Menschen in ihrer Verschiedenheit, und doch bleiben sie gleichzeitig auf das Nebeneinander bezogen; da kann keiner sich schnell über die anderen erheben (wie mit Kutschen, Pferden, Autos und Flugzeugen): »Schon deswegen wünsche ich nur selten zu fahren ... weil ich aus dem Wagen keinem Armen so bequem und freundlich einen Groschen geben kann.«

Die Möglichkeit auch des Gesprächs erlischt beim Fahren. Jedenfalls sind dann nur noch bestimmte Gesprächsformen möglich. Kein Stehenbleiben, freiwilliges Weitergehen. Der Mensch ist transportabel geworden (F.G. Jünger). Für Seume ist Gehen ebenfalls mit Denken identisch, Denken aber auch im Sinne von Kritikfähigkeit, als politisches Organ des Einzelnen: »Wo das Denken gänzlich aufhört, haben die Spitzköpfe ebensosehr gewonnen, als wo das Verkehrsdenken anfängt.«

*

Was bis zum 18. Jahrhundert undenkbar war – Schreiben und Gehen als selbstbezogene Tätigkeiten –, wird von nun an Form des Widerstands gegen die Neuzeit, wird Kritik an der universalen Zweckgebundenheit des Tuns. Die Romantik entdeckt den Essay wieder und macht aus ihm spaziergängerische Reflektionen, die sich den Normen der anderen Gattung und der Systematik des Denkens entziehen. Der Essay leistet Widerstand gegen die Sprache von Philosophie, Politik und Bürokratie, indem er wandert. Er schweift aus und ab, und kaum ein anderes Thema behandelt er so gerne und oft wie das Spazierengehen und Wandern. Er übt die sinnlose Bewegung, die sich noch in Robert Walsers Spaziergängern wiederfindet.

Der einsame Geher heute, der sich nicht als Wanderer kenntlich macht und eher unmotiviert stehenbleibt, ohne die Rechtfertigung durch das Panorama, den Fotoapparat oder das Schaufenster, macht sich verdächtig. Denn inzwischen ist Gehen selber – mit dem Tourismus und der Wanderbewegung – zweckorientiert geworden. Man denke nur an die Goldenen Schuhe, die Abzeichen, die einem jeder Kurort bereithält. Der wahre Fußgänger ist ein Wilder unter diesen industriellen Wanderern. Ihm, dem Wilden, geht es nicht um Gesundheitsbewußtsein und Reparatur. Er bleibt einsam.

*

Die Gehgeschwindigkeit, so ist in neueren Untersuchungen zu lesen, erhöht sich mit der Bevölkerungsdichte von Ortschaften. Je mehr Menschen, desto schneller.

*

Im Niemandsland aber wird gerast.

*

Je industrieller die Bewegung, umso größer die Verschriftlichung, das heißt der Bezug zu einem umfassenden abstrakten System, zu nichtregionalen Einheiten, die jeden Schritt auf das Ganze hin regulieren. Wanderkarten, Wegschilder sind das unterste Ende des Systems, sichtbar noch; der Schriftverkehr mit Versicherungen, die Straßenverkehrsordnung und die Fernbeschilderung, das System von Fahrschulen und Verkehrserziehern am anderen, motorisierten Ende. Der Fußgänger bleibt auch insofern wild, als er Analphabet bleiben darf und auch von den Sehtestern nicht gefunden werden muß.

Der freie Vers und die Zunahme des Fahrens, das heißt des Verschwindens von Rhythmik. Das Rad und der Fuß. Räder kennen keinen Rhythmus.

*

Meine Verletztheit, als jemand mir als Jugendlichem sagte, ich hätte denselben Gang wie mein Vater. Als sei der Gang das Persönlichste, wie Handlinien, Fingerabdruck und Stimme; und als sei ich nun ein für allemal festgelegt – du bist doch nur dein Vater.

*

Von der Antike bis heute, Gehen und Denken. Von den Peripatetikern bis Nietzsche – Gehen als Denkform, als Peristaltik des Gehirns. Die Philosophie als Geschichte der Gebärden. Geschichte als Geh-Schichten, Ablagerungen von Gängen durch die Welt, des Laufs der Dinge.

*

Aber wir stehen an einer Mauer. Das Ozonloch dehnt sich aus, die Erde ist verseucht. In jeder Krise geht es an die Ursprünge zurück, die Elemente treten in ihr Recht. Wir wollen, müssen wissen, wie alles anfing. Und es scheint immer wieder, daß so gut wie alles, was uns beschäftigt, in den griechischen Mythen vorgespielt wird; sie enthalten den Stoff, aus dem wir gestrickt sind, sind die Matrix unserer Geschichte. Die Aufbaugesetze des Organismus sind die gleichen, die die Mythen hervorgebracht haben. Wie Owen Barfield schrieb: »Gehirn, Herz, Leber, Milz sind von der Welt in den Organismus eingebaut worden, durch die ganze Geschichte der Welt, und wenn ihr eins von ihnen gründlich ›untersucht‹, dann habt ihr Zugang zu der jeweiligen Epoche der Welt-Geschichte.« Die Phasen der Geschichte, von denen Barfield spricht, sind aber nur über die Mythen erreichbar; nicht einfach Vorgeschichte, sondern die Zeiten, in denen Organismen durch Wirkungsströme aufgebaut werden, pränatal gleichsam. Die griechischen Mythen erinnern, in Ritualen konserviert, an die psychophysische Einheit, aus der das Gehen kommt, an die Verbindung von Mensch und Erde; an das, was der Erde zurückzugeben ist, wenn eine Loslösung – wiederum durch das Gehen – stattfindet.

»Der einzige materielle Lohn des olympischen Siegers war ein Kranz aus Ölbaumzweigen – nicht von irgendeinem Ölbaum am Wege, sondern von dem Baum Kallistephanos, den Herakles aus dem Lande der Hyperboreer mitgebracht hatte. Das verweist auf den Zusammenhang der Spiele mit Vegetationskulten. Besonders der Lauf, das rhythmische Aufschlagen der nackten Fußsohlen auf die Erde, sollten deren eingeschlafene Zeugungskräfte wecken.« (Z. Herbert)

*

Im 20. Jahrhundert erinnert John Cowper Powys, in Anlehnung an Nietzsche, an diese Verbindung des Gehenden mit dem Magnetismus der Erde – eine geradezu erotische Beziehung, ein Kitzeln und Streicheln des Bodens durch die gehenden Menschen: »Es ist, als ob die Erde, in ihrem tiefen planetarischen Masochismus einen Genuß daran fände, beschritten zu werden ... Im einfachen Vorgang des Gehens entspringt ein tausendfaches geheimnisvolles Verstehen zwischen dir und der Erde, das dich nicht erreichen kann, auch wenn du noch so clever dein Auto steuerst ... Ein Leben zwischen Stuhl und Autositz verbracht ist ein Affenleben, nicht ein Menschenleben. Wenn man in sitzender Haltung denkt, denkt man mit dem Rumpf, nicht mit der Seele. Der Grund, warum Frauen tiefer lebensbewußt sind als Männer, liegt darin, daß sie öfter auf den Beinen sind.«

Powys gehört zu denen, die die Langsamkeit als notwendiges und menschenwürdiges Verhalten wiederentdeckten. Diese Menschenwürde ist, wie Seume schon sah, gesellschaftlich und kosmisch zugleich, ein kosmischer Humanismus, und verdankt sich dem Gehen. So heißt es bei Powys: »Weiter ist die zarte Anpassung von Vordergrund und Hintergrund die vollkommenste, die man sich denken kann; denn der Vordergrund verändert sich mit jeder Sekunde; während der Hintergrund sich so langsam ändert, daß wir kaum die Veränderung sehen. Genau dies ist es, was wir im Leben verlangen; ein Ritual menschlichen Wechsels im Vordergrund und im Hintergrund die großen planetarischen Prozessionen und Zyklen.«

*

Goethe, abgewandelt: Ich glaube, der Mensch träumt nur, damit er nicht aufhöre zu gehen.

Barfield, Owen: *Worlds Apart. A Dialogue Of The 60s*, London 1963

Bollnow, O. F.: *Mensch und Raum*, Stuttgart 1963

Enzensberger, H.M.: »Eine Theorie des Tourismus«, in *Einzelheiten* I, Frankfurt/M. 1962

Gebser, Jean: *Ursprung und Gegenwart*, Stuttgart 1953

Giersch, U.: »Der gemessene Schritt als Sinn des Körpers«, in D. Kamper, Chr. Wulf, Hg., *Das Schwinden der Sinne*, Ffm. 1984

Hamburger, Michael: »Essay über den Essay«, in *Literarische Erfahrungen*, Darmstadt/Neuwied 1981

Heaney, Seamus: *Preoccupations*, London 1982

Herbert, Zbigniew: »Versuch die griechische Landschaft zu verstehen«, in *Ein Barbar in einem Garten* 2, Frankfurt/M. 1970

Jünger, Ernst: *Annäherungen. Drogen und Rausch*, Stuttgart 1970

Jünger, Friedrich Georg: *Griechische Mythen*, Frankfurt/M. 1957; *Die Perfektion der Technik*, Frankfurt/M. 1953

Klingender, Francis: *Art and the Industrial Revolution*, London 1968

Kükelhaus, Hugo: *Organismus und Technik*, Freiburg/Olten 1971

Powys, John Cowper: *A Philosophy of Solitude*, London 1933

de Quincey, Thomas: *Confessions of an English Opium Eater*, London 1821; »Walking Stewart«, in *Works*, VII, Edinburgh 1863

Seume, J. G.: *Spaziergang nach Syrakus*, Leipzig 1803

Sternberger, Dolf: *Panorama*, Frankfurt/M. 1974

Uexküll, J. v.: *Theoretische Biologie*, Berlin 1928

Die Berückung des Menschen

Eine Meditation über Hexenschüsse

Erst spät entdeckt der Mensch, daß er einen Rücken besitzt. Die Füße und Beine machen sich bemerkbar, wenn es vom Krabbeln zum Gehen kommt. Hand und Mund bilden einen frühen Bund. Im Allgemeinen erscheint der Kopf schon rechtzeitig im Spiegel. Bäuche streichelt man zu gegebener Stunde oder läßt sie sich streicheln und beugt damit künftigen Unpäßlichkeiten vor. Der dazugehörige Nabel ist von klein auf Gegenstand bewundernder Betrachtung und sollte es auch bleiben. Was sich zwischen den Beinen befindet, weiß ein Mensch schon. Aber der Rücken, jener stumme Mitbewohner im Hause des Lebens, führt ein stilles Dasein auf der sonnenabgewandten Seite des Körpers. Wie entwöhnt er vom Licht ist, verrät uns erst ein Sonnenbrand. Kein Auge, das ihn erleuchtete, kein Ohr, das auf ihn herabhinge und seinem Schweigen lauschte, keine Nase, die seine atmosphärischen Veränderungen überprüfte.

Als Gott den Menschen berückte, d.h. mit einem Rükken versah, da tat er dies mit dem Hinweis, daß dieses Wesen sich erst ab dem 30. Jahr zu Wort melde. Der Rücken solle jene, welche dieses Alter erreichten, daran erinnern, daß sie eigentlich schon tot wären, wenn sie in einem anderen Jahrhundert lebten. Von einer stillen Wendeltreppe zwischen Hirn und Hintern verwandelt er sich dann plötzlich in ein Orchester für Schmerzenssymphonien. Die Musik hebt im allgemeinen recht harmlos an, allegro(,) ma non troppo, ein Klavierstück für kleine Hexenschüsse sagen wir mal, irgendwann geht es dann aber weiter presto alla tedesca, wenn die Schlagzeuge einsetzen oder alla brutale, wenn sich nichts mehr rühren will. Dann sieht ein Menschen, daß er einen Rücken hat. Der stille Gefährte im Hintergrund macht seinen Mund auf, und es erschallt ein Schrei, sei es beim Straßenfegen oder beim Hieven eines Bierkastens. Eine Hexe hat geschossen, oder auch ein Elfe, wie es die Alten sehr wohl wußten. Warum nur eine Hexe oder ein Kobold? Nun, wir befinden uns im Hinterland des Daseins, wo kein Auge wacht, und wenn das Unbewußte einen Wohnsitz hat, so wird es der Rücken sein. Wie sagte doch meine Krankengymnastin, während ich am Schlingentisch hin- und herschaukelte, so ganz beiläufig, mitten im Gespräch übers Zeltmusikfestival: »Die Seele sitzt in der Bandscheibe.«

So mancher hat nach dieser Entdeckung sein Leben verändert. Wolfgang R. beispielsweise, der bekannte Antiquar, hat sich einen Bauchtrainer zugelegt, der seine ohnehin schon gegen Heuschnupfen ausgelegte Wohnung zusätzlich komplizierte. Jede Stärkung der Bauchmuskeln – dringend erforderlich zur Entlastung des Rückens! – geht einher mit einem Stapel stürzender Bücher. Dr. B. führte nach langen und erfolglosen ärztlichen Konsultationen seine Rückenbeschwerden auf die Hypothese zurück, daß es seinem Stammbaum einstens nicht komplett gelungen war, von der Vierbeinigkeit zur Zweibeinigkeit überzuwechseln. Seit er sich, durchaus auch im Büro, in unbeobachteten Momenten, auf diese seine Ursprünge besinnt, geht es ihm zweifellos besser. Beeindruckt von der Tatsache, daß es auf weichen Boden ankommt und wir uns viel zuviel auf Asphalt bewegen, erwäge ich selbst seit einiger Zeit, unsere Zimmer mit Waldboden zu bedecken. Ich schwanke nur noch zwischen Laub- und Nadelboden oder einem Gemisch. Nur das Badezimmer soll frei bleiben, haben wir beschlossen. Da reicht dann schon Gras.

Vor dem Menschen wußte nur der Dichter, daß es einen Rücken gibt. Rabelais sah sogar zwei, ein Tier mit zwei Rücken, sobald es geschlechtlich zuging. In der noch ungeschriebenen Literaturgeschichte des Rückens gebührt Goethe natürlich ein wichtiger Platz, denn klopfte er nicht sein dichterisches Metrum einer nackten Römerin auf den Rücken, als er in Italien reiste? Da wurde ein schöner Rücken zu einem Blatt, auf dem die Verse tanzten. Weiterhin teilte mir ein Philosoph aus Reutlingen mit, daß es sich bei Kafkas Verwandlung gar nicht primär um eine Käfergeschichte, sondern vielmehr um die Beschreibung eines Hexenschusses handele. Was Rückert zu diesem Thema zu sagen hätte, wäre sicher eine gesonderte Untersuchung wert. Der amerikanische Erzähler Stephen Crane brachte das Problem in seiner Kurzgeschichte »Das offene Boot« (1898) auf den Punkt: »Der menschliche Rücken kann der Sitz von mehr Schmerzen und Qualen werden, als sie in Büchern zur kollektiven Anatomie eines ganzen Regiments verzeichnet sind. Er ist eine begrenzte Fläche, aber er kann der Schauplatz werden von unzähligen muskulären Konflikten, Verwirrungen, Zerrungen, Verknotungen und anderen Annehmlichkeiten.«

Wer sich mit einem Hexenschuß in die Welt begibt, weiß, wie recht die Literatur hat. An der Bushaltestelle lehnt man schräg, stützt sich beim Metzger an der Theke und hofft nur, daß er schnell die Salami einpackt, während eine Kassiererin den ganzen Tag lang schief gewickelt sitzt. Wie klein ist der Mensch, wenn der Rücken mal so richtig groß rauskommt. Die Kräfte des ganzen Universums, die sonst mühelos ausbalanciert werden, ziehen und zerren in verschiedene Richtungen und machen aus dem von Gott wohlersonnenen Skelett eine Vogelscheuche, die jeder Windstoß umhauen kann. Ist der gesunde Rücken ein schöner Text in Goethes *Italienischer Reise*, so ist nun der gesamte Körper ein Theater. Der Regisseur hat sich aus dem Staub gemacht, und die Schauspieler machen sich gegenseitig runter. Im Bandscheibenvorfall und Ischias rächt sich die Anatomie. Nun müssen Massagen herbei, Schlingentische, in die der Mensch wie ein Pferd gehängt wird, Krankengymnastik, Thermalbäder – alles Versuche, das Theaterstück namens Mensch wieder auf die Beine zu stellen und von seiner Verrücktheit zu befreien. Jetzt kann man sich einen Menschen ohne Rücken auf einmal nicht mehr vorstellen. Erst das Kreuz mit dem Kreuz macht es unmöglich, den stummen Diener zwischen der ersten Eizelle und dem Tod zu ignorieren. Aus den Wirbeln der Zellteilungen entstand die Wirbelsäule, jene geheimnisvolle Flöte, die den Oberton zum Leben spielt, eine musikalische Wendeltreppe, die der Schmerz erweckt. Der Mensch, diese merkwürdige Erfindung des Universums, steht und fällt mit seinem Kreuz. Im Falle eines Falles, ist Haltung eben alles.

Versteht sich, daß diese bescheidenen Beobachtungen auf einem Kniestuhl geschrieben wurde, wobei darauf zu achten ist, daß es nicht zu einer Beugung im Rückgrat kommt und die Knie nicht übermäßig belastet werden. Ich weiß, auch Kniestühle sind schon wieder umstritten. Manche legen sich lieber ein Keilkissen auf den Stuhl. Neulich sah ich bei einer Bekannten in Tübingen aber noch etwas Besseres. Sie saß auf einem großen Spielball. Auf dem kann man hin- und herrollen wie auf einem Globus, über die Wunder der Schöpfung nachdenken und gleichzeitig die Rückenmuskeln stärken. Denn eigentlich tut uns der Rükken weh, weil wir das Spielen verlernt haben.

Plädoyer für den Rückschritt

Ich war natürlich immer schon ein Feind des Fortschritts, aber gestern anläßlich einer Radpanne mitten in der Stadt fiel mir ein, daß man sich mal ruhig intensiver für den Rückschritt engagieren sollte. Ich meine, statt ständig vorwärtszugehen, sollte ein Mensch es auch erlernen, wie man anständig rückwärts geht. Also beschloß ich, den Fußweg nach Hause rückwärts zu machen. Ein Radfahrer ist ja moralisch gesehen nicht immer besser als ein Autofahrer; er oder sie will gleichfalls möglichst schnell möglichst viel Raum eliminieren und kann sich dabei noch ein Gutes Gewissen dabei erlauben. Darum radle ich so gerne. Auch einem Fußgänger ist viel daran gelegen, ohne Umstände ans Ziel zu kommen. Also ist nur das Rückwärtsgehen etwas moralisch Besseres: man denkt nicht nur an die eigenen Vorteile, man ist nicht immerzu Materialist. Die Welt lebt vom Verweilen, und nur der Rückwärtsgeher kann ihr dabei helfen. Die Vorwärtsrasenden machen aus der Welt dagegen ein Fluchtfahrzeug, sie zwingen sie zum Fliehen.

Ich will nicht behaupten, daß meine philosophische Kehrtwendung ganz problemlos verlief, im Gegenteil. Bei Ampeln mußte ich heimlich meinen Kopf drehen, denn so opferhaft war mir nicht zumute, als daß ich nun auch noch das Ampellicht links liegengelassen hätte. Ich will auch gar nicht erst die verständnislosen, ja geradezu in Tobsuchtsanfälle ausfallenden Mitpassanten erwähnen, oder jenen Bulldozer von Bodybuilder, dem ich in die Hacken lief, denn das sind ja nur Randerscheinungen, die einen von dem richtigen philosophisch erkannten Weg abhalten wollen. Der umgestürzte Stapel von Videobändern vor dem Elektroladen in der Günterstalstraße geht mit Sicherheit nicht auf meine Rechnung, auch wenn eine Woche später in der Badischen ein Leserbrief über rüpelhafte Fußgänger mit kaputten Fahrrädern klagte. In meiner Gegendarstellung verwies ich auf den Reichtum der phänomenal entfalteten Welt, die sich einen Dreck um ungestürzte Videobänderstapel kümmere. Das mit der Bierbude war natürlich etwas schlimmer, aber darüber braucht man sich nicht überall auszulassen. Bier läuft auch so von selber immer mal wieder aus. Dann war's halt eben ein Stoß gewesen, wer will das gleich bestreiten. Ihr kriegt schon wieder ein neues.

Was aber sah, hörte ich nicht alles zum ersten Mal, auf diesem drei Kilometer langen Rückwärtspfad! Das Klavierspiel aus dem Altbau, die ganzen Sätze Französisch im Franzosenviertel, statt das sonst immer nur fetzenweise dem Radfahrer zuwehende Sprachläppchen, die Brombeerbüsche an der Bahn. Sogar das Industriegebiet, von dem ich dachte, es würde das Ödeste von der ganzen Wanderung, erhielt plötzlich einen neuen Anstrich. Im Rückwärtsgang entdeckte ich erstmals einen kleinen Teich, hörte einen Springbrunnen und roch Gummischläuche. Die Trecker beim Traktorhändler, die Stapelkisten bei der Batterienhandlung luden zum Klettern ein, und auch für den Schnellimbiß in der Tankstelle hatte ich jetzt Zeit. Ja, selbst der Schnellimbiß erfordert eine gewisse Bedächtigkeit. Und zwischendurch sah ich Wohnungen, mitten im Industrieviertel. Ich begann an die Leute zu denken, die hier so merkwürdig wohnten. Was ihnen so alles durch den Kopf gehen mochte, wenn sie nachts die Lichter und rauchenden Schlote sahen.

Öd war jedoch der Weg durch die Freizeitanlagen, die im Rückwärtsblick ihren wahren Charakter schauen ließen. Sie zeigen ja sonst immer die Schokoladenseite der Gesellschaft, und die war so schokoladig und durchgetennißt, daß es einem schon wieder leid tun konnte. Riesenhohe Zäune statt Hecken, weggepreßte Bäume, asphaltierte, versiegelte Erde, dem Leibe feindlicher gesonnen als die Arbeitswelt. Büsche auf sportlich getrimmt, unfähig einen Schatten zu spenden. Und mittendrin die Vereinskneipen mit ihren Sonnenstudios und Fitnessbuden wie düstere Zentralen von Außerirdischen (die ich damit nun auch nicht beleidigen will). Nein, wir Rückwärtsgeher können dem Sport nichts abgewinnen. Meine Rückwärtsgehpartei, die ich demnächst gründen werde, wird für die Abschaffung dieser Einrichtung sorgen. Ich sehe uns massenhaft rückwärts gehen; statt zu grüßen, rempelt man sich gemütlich um. Wenn eines Tages alles rückwärts geht, schauen wir uns in den Kinos Filme an und lassen sie uns dann zum Spaß manchmal rückspulen. Dann gibt es was zu lachen, wenn wir die Leute im Vorwärts sehen. Vorwärtsgehen wird die echte Komik. Für Sport haben wir dann übrigens keine Zeit mehr. Für Autos auch nicht mehr, das würde zu gefährlich. Ja, wenn ich's mir recht bedenke, dann werden wir für die Geschwindigkeit selbst einfach keine Zeit mehr haben.

Vielleicht gründe ich die Partei aber auch nicht. Alleine sind wir schwach, aber gemeinsam werden wir kommerzialisiert. Es kommen dann gleich die Wirtschaftler und bauen Rückwärtsbrillen, elektrische Rückwärtssteuersysteme, Rückwärtsautos, und dann wär der ganze Spaß wieder einmal umsonst gewesen.

Von Software zu Softbrain

Ein Abgesang auf die Computerwelt

Solange mein Laptop noch in Reparatur ist – und das kann drei Monate dauern –, will ich die Zeit zu einer kleinen Attacke gegen die Computerwelt nutzen.

Ah, Laptop!

Was habe ich mich nicht an deiner Intelligenz, deiner heiligen Einfalt und Einfaltbarkeit gefreut! Bis ich merkte, daß du dich nicht ausschalten lassen wolltest.

Telefonate rund um die Uhr, bei Spezialisten, Uhrmachern, Kinovorführern, Weintrinkern und Metzgereiangestellten. Es half nichts. Weder das mit dem Bleistift, den man vorher in Grapefruit taucht, noch der Anschluß an das Biorhythmusgerät im Thermalbad. Er wollte partout nicht ausgehen. Erst die Bekanntschaft und spätere Freundschaft mit dem Hacker von oben, ein im Dienste des Staats altgewordenes Genie, der einst den Idealen von 68 verpflichtet war, brachte die entscheidende magische Formel. Der Hacker war mir schon zuvor damit angenehm aufgefallen, daß er gelegentlich meine Telefongespräche per Impuls abschnitt.

Die Vorgeschichte ist die: Vor gut fünf Jahren scheiterte mein Versuch einer Kontaktaufnahme mit der künstlichen Intelligenz, KI genannt. Sie warf mir fehlende Unreife vor. Ich war in einen Kurs eingetreten, aber KI war irgendwie aufgewühlt durch meine Anwesenheit. Folgerichtig wurde ich aus dem Kurs entfernt. Das Heiligste auf dem Bildschirm verließ mich nach einer Reihe von Beschimpfungen mit dem Orakel: »Ich denke, also bist du.« Das war das metaphysische Ende nach drei Tagen mit Inschriften wie »Invalide!«, »Illegal!« oder »Give Up!« und »Abort!«, was soviel heißt wie abtreiben.

Das nächste Problem waren die Aphorismen. Sie drängten sich mir auf, ich konnte mich ihrer nicht erwehren. Aber ich hätte nicht so leicht nachgeben sollen. Kreativität ist immer schädlich. Ich wollte es dem Bildschirm heimzahlen. Anonyme Aphorismen, hier und da locker plaziert, dann wieder ein geballtes Bündel von Sprüchen gegen das Computerhafte. Nun, es mag banal klingen – aber wie erkläre ich mir, daß genau die Zeitschriften, denen ich die Texte anbot, in kürzester Zeit ihr Erscheinen einstellten? Die Redakteure waren in jedem Fall begeistert gewesen, am menschlichen Willen hatte es niemals gefehlt. Doch die nächste Nummer fiel jeweils aus, es gab meist noch einen ermutigenden Brief an die Abonnenten und Autoren, doch dann welkte das Blatt ganz sanft dahin, wie von einer unerklärlichen Krankheit ergriffen, und es war nichts mehr zu hören. Fünf müssen es gewesen sein, von *Skarabäus* und Phoebus bis hin zu *Nachtcafé*. Am Ende wagte es die Revue *Alte Krähe*, meine Sprüche zu drucken, und zwar unter dem Titel »Fliehende Welt«, was ich für ein schlechtes Vorzeichen halte. Also Finger weg von Aphorismen. Von EDV-Anlagen werden sie schlicht als Viren behandelt.

Lange war es dann ein Leichtes für mich, KI links liegen zu lassen. Trotz einer gewissen Bewunderung für den Haushalt des Hackers von oben, der nicht nur die Software in Blumentöpfen anpflanzte, sondern sich elektronische Ritterspiele aus den USA für seine weitere persönliche Entwicklung besorgte. Früher zeigte man oben den Besuchern das Kind in der Wiege oder das geschmackvoll eingerichtete Schlafzimmer. Heute bietet man ihnen nach dem Kaffee einen Rundgang durch die private Datenverarbeitungsanlage.

Gegen den Führerschein hatte ich mich fünfzehn Jahre erfolgreich gewehrt. Diese läppischen Apparaturen würden mir dann wohl keine Schwierigkeiten bereiten, sagte ich mir.

Diese jämmerlichen Mentallabors!

Bis mich jener Vertreter einer neuen Generation mit Festplatte zu einem Spottpreis angrinste – der Laptop. Und da er's nicht hört, stelle ich hiermit fest: Es ist ein Gerücht, daß man durch Computer Zeit gewinnt. Ich habe auch einen bescheidenen Vorschlag entwickelt für die Werbeagenturen der westlichen Welt: If you want to kill time, buy a computer. Eine bessere Werbung ist gar nicht denkbar. Auch in der östlichen Welt wird sie ihre Wirkung tun. Wer will schon Zeit gewinnen? Für meine Zwecke jedenfalls gilt, daß der Computer mich wohltuend meiner ohnehin wertlosen Zeit beraubt. Beim Tippen mag wohl Zeit gewonnen werden, dieser lästige Zuwachs läßt sich aber mühelos durch einfache Operationen wieder beseitigen. Zum Beispiel mit leerem Geschwätz über Software, MSDos und Domestos, über Konvertierungsprogramme und Schnittstellen, Windows und Mäuse. Oder in teuren Telefonaten, bei denen jedes zweite Wort dem Word gewidmet ist, dem Wordstar oder Wordperfect. Im Anfang war das Word, und das Word war bei Dos. Du heiliges RAM! was haben uns die Computer nicht allein an Gesprächen gekostet.

Nach zwei Wochen schlug der altbewährte, sprachlich durchaus erfolgreich gewordene Buchstabe a nicht mehr an; er wurde aber dringend gebraucht, damit ich vom Gehwerk ins Laufwerk fliehen konnte. Rundum wieder Telefonate über die Möglichkeiten und Aussichten, dieses feine, flüchtige Wesen wieder einzufangen. Aber a hatte sich davon gemacht, es hatte sich ausgeaht. Vermutlich war es in ein A-Heim geflohen, so wie es die Os ja auch für sich besitzen. »L'imagination au pouvoir!« rief ich meinem ergrauten Hacker zu. Der schaute mich mißtrauisch an und murmelte: »Son of a baker!«, einen Ausdruck, den er in der letzten Softwarelieferung aus Arizona gelernt hatte. Daraufhin gab er mir die Geheimformel durch.

Computer sind aber von einer hohen sozialen Bindekraft. Durch sie kann man wieder richtig ins Gespräch kommen. Das fördert Sozialisation wie Interaktion ungemein. Sowas hat es ja seit dem Krieg bei uns nicht mehr gegeben. Ich spreche auch wieder mit solchen, die ich seit über zehn Jahren geschnitten habe, schon wegen der Schnittstelle. Und zwar nicht über das Wetter oder den Sinn des Lebens, was ja in etwa auf dasselbe hinausläuft.

Der zweite Umtausch des Geräts war übrigens acht Wochen später fällig. »Merkwürdig«, sagte der Händler, »immer Sie! Das ist das erste Mal, daß uns einer diese Marke zurückbringt, das ist doch kontrollierte Spitzenware. Und das allererste Mal, daß uns einer dies zum zweiten Mal zurückbringt.« Jedenfalls waren auf dieser Festplatte keine Feste mehr zu feiern. Nicht weiter erwähnenswert, daß bei dem Absturz dreißig Seiten verschollen gingen, ist ja eigene Schuld, wenn man nicht abspeichert. Die Möglichkeit, Schuld und Schulden auf sich zu laden, haben sich in der Computerwelt verhundertfacht. So fördern Computer auch das Verantwortungsbewußtsein. Und was, bitte schön, hätte ich im übrigen machen sollen mit der Zeit, die ich durch eine mechanische Schreibmaschine gewonnen hätte. Zeit ist Luxus und Luxus ist verwerflich. Wenn man im Computer eine Seite aufschlagen will, macht man dies mit fünf klugen Befehlen. Das Gehirn, das normalerweise sogleich den Händen den Befehl gibt, eine Seite aufzuschlagen, ist da viel zu eindimensional und schnell. Auch Vorgesetzten geht es besser, seit die Sekretärin alles machen darf. Verleger atmen erleichtert auf: Die Autoren mögen sich doch bitte selbst setzen. Und endlich ist auch Schluß mit den alteuropäischen Vorurteilen: Nicht mehr Eingebung ist gefragt, sondern Eingabe, nicht mehr Geistesverfassung, sondern Texterfassung, nicht mehr Ausdruck, sondern Ausdrucke.

Ah, läppischer Laptop!

Als es zu Ende ging mit ihm, ließ er es mich nochmal wissen: Stack Failure! Boot Drive Disk Error! Fatal! Fatal!

Fatal! Was bekanntlich im Englischen soviel wie ›tödlich‹ heißt. Dabei schellte er wie verrückt. Seither weiß ich: Computer, die schellen, bytesen nicht.

Bleibt nur noch die Frage, an welcher Stelle der Gute aushakte. Sollte es eine geheime Mitteilung gewesen sein, eine Botschaft aus dem Tabernakel der von mir so häufig gebeutelten und beleidigten KI? Ich stelle fest und gebe zu: Er hatte recht, an jener bestimmten Textstelle auszurasten. Es handelte sich um eine ethisch und politisch untragbare Mitteilung. Hiermit erkenne ich an, daß der Computer mir auch moralisch überlegen ist. Er ist ein fieses kleines Über-Ich, ein elektronischer Dämon, und er läßt es uns wissen. Ähnliches hörte ich von einer Kollegin. In ihrem Fall tritt der PC weniger als Moralist und Pädagoge in Erscheinung, sondern vielmehr als Psychotherapeut. Auf Details kann ich aus verständlichen Gründen hier nicht eingehen.

Mit meinen Anklagen gegen den Computer könnte ich so manche Diskette (3,5 Zoll, double density, double track) anfüllen... Aber der Mann mit der Lebensversicherung steht vor der Tür, schon seit zehn Minuten.

Der Computer auf der Couch

Gedanken zum elektronischen Absturzwesen

Wer sich immer noch keinen Reim auf Computer machen kann, der gehe hin und befrage sie. Am deutlichsten wird ihre Antwort, wenn sie zu schweigen beginnen. Das Schweigen wird im allgemeinen durch ein erfrischendes Klingeln eingeleitet (mitunter auch, bei pubertären Ausführungen, mit dem Werfen von Bildbomben). Das ist etwa so erfreulich, wie wenn ein Versicherungs- oder Weltanschauungsverkäufer vor der Tür steht und genau weiß, daß man zu Hause ist. Das Klingeln nimmt in beiden Fällen an Intensität zu und der inzwischen Aufgeweckte zeigt erste physische Symptome. Nachdem sich die erforderliche Anzahl von Schweißtröpfchen auf Stirn und Nase des Benutzers gebildet hat, erlöscht der schrille Klang, die Flüssigkristalle stellen ihre Erleuchtung ein, und es herrscht ein unsagbares Schweigen. FATAL! steht wie in Grabstein gemeißelt auf dem Schirm, der jetzt allenfalls noch als Regenschirm zu gebrauchen ist.

Der oder die mit den Schweißtröpfchen, die nun auch die äußeren Gliedmaße erreicht haben, entblättert das unleserliche Handbuch (Handbücher sind für die Hand geschaffen, nicht für den verstehenden Geist, sie taugen zum Blättern, zu nichts sonst), gesteht sich schuldbewußt den immer noch latenten Computer-Analphabetismus ein und murmelt: Absturz... Ein Stoßgebet an den heiligen Antonius bringt nicht viel, seine Hilfe bei Wiederauffinden von verlorenen Gegenständen bezieht sich nicht auf Dateien. Es ist an der Zeit, denkt Benutzer, daß Heilige für die elektronischen Tatsachen der Gegenwart geschaffen werden. Die Schutzheiligen für Seefahrt, Feuersbrunst und Brückenbau sollten durch Absturzpatrone ergänzt werden.

Was immer man nach gelungenem Absturz unternimmt – Fallschirmsprung über Set up – Ctrl-Alt oder Abtauchen über Diptaste I (rhythmisches Schlagen mit einem Sandschäufelchen hat auch schon Wunder gewirkt, noch besser sind jedoch die elastischen Bambusstangen, die man in jeder guten Gärtnerei erhält) – was immer man unternimmt, man genieße zunächst die tiefe Stille im Datenwald: Über allen Disketten ist Ruh, warte nur, balde bist auch du ein Datum nur. Auf keinen Fall werde man RAM-dösig. Man nutze vielmehr die Zeit für eine philosophische Meditation über das ontologisch Eigentliche des Computers.

Da ich soeben meinen dritten Absturz binnen eines Jahres feiere, meine ich, an dieser Stelle einige Beobachtungen weitergeben zu können. Wenn sich die Abstürze mit einer gewissen, gleichsam rhythmischen Regelmäßigkeit einstellen, die aber nicht von Textmengen, Voltspannungen oder Sternkonstellationen abhängen, so können sie nur durch inhaltliche Ursachen ausgelöst werden. Wenn ein Computer den Inhalt nicht mehr aushält, hält er an. Jeder Computer mit einem anständig entwickelten Ego wird Zumutungen nur bis zu einem bestimmten Grad akzeptieren. Auf explizite Provokationen seiner Würde reagiert sein Unbewußtes mit Dummstellen oder Abstellen. Wenn ich mir die Texte anschaue, die ich zum Zeitpunkt der Stürze niederschrieb, so bleibt mir keine andere Schlußfolgerung. Als ich den ersten Verdacht eines solchen Zusammenhangs schöpfte, wollte ich das Gerät einmal mit einem Aphorismus kitzeln. Er bezog sich auf das kreissägenhafte Geräusch von Druckern. Er schien aber nichts daran zu finden, vermutlich, weil sich die Spitze gegen seinen Knecht und Diener richtete und nicht seine Majestät, das Ego. Später schrieb ich einen Vortrag über das Denken eines ausgemachten Computerfeindes. Als ich in diesem Zusammenhang tiefschürfende Überlegungen zur Natur des Festes anstellte (eine philosophische Analyse des Satzes

»man soll Feste feiern, wie sie fallen«), fühlte sich – kalauernd wie die Welt der Technik nun mal angelegt ist – die Festplatte intim angesprochen und fiel in der Tat, während das Feiern in mir sogleich ein Ende nahm. Ein halbes Jahr später, als der Apparat aus der Reparatur kam (»neue Festplatte mußte darein, in so ein neues Gerät! Sagen Sie mal, schlagen Sie etwa mit Gegenständen darauf ein?«), ging alles gut, monatelang. Ich vermied einfach das Wort »fest« und ersetzte es durch Wörter wie »solide«, »ruhig«, »in sich gesammelt«, »Feier«, »Fete« usw. Man sollte doch einmal hervorheben, wie sehr Computer uns zu einer Erweiterung des Wortschatzes anregen. Ich schrieb nur über Autoren, deren Verhältnis zum Computer neutral, ungeklärt oder kaum entwickelt war (Homer, Horaz, Hafis und andere Unverdächtige). Bis die Logik der Dinge es notwendig machte, daß ich mich wieder einem Feind der elektronischen Datenverarbeitung zu widmen begann, einem englischen Dichter diesmal. Das einzige, was von dem 20-seitigen Text übrigblieb, war der Titel. Er lautete »Der wiedergefundene Ort«. Der letzte Absturz geschah soeben, vor einer Stunde. Ich übersetzte Texte über das primitive Denken, den Animismus und Totemismus und wähnte mich in sicherer Entfernung von der Psyche der zeitgenössischen Elektrowesen. Dann kam die Parabel, in der das Universum als Riesenauto gesehen wurde. Ging auch noch gut. Schließlich gab es nur noch ein kurzes Zitat des Literaturnobelpreisträgers Saul Bellow, zugegeben eine schillernde Figur, ein latenter Anthroposoph, nun gut, aber es war doch nur ein harmloser Satz, und vielleicht schreibt S.B. doch selber in einen wordprocessor, da erschien das fatale FATAL!, und das erbärmliche Geklingel setzte wieder ein. Der Satz lautete: »Mr. Barfield ist kein Optimist, aber er glaubt daran, daß wir aus dem Gefängnis herauskönnen – oder aus dem Irrenhaus. Wenn man einmal angewidert festgestellt hat, daß man hinter Gittern ist, wird man leidenschaftlich versuchen, herauszukommen. Schwer, ja, sehr schwer, aber nichtsdestoweniger möglich.« An diesem Punkt verabschiedete sich mein Laptop von Mr. Barfield und mir. Seither denke ich über DOS nach und word und wordstar und wordperfect und sehe darin ein ausgeklügeltes Gefängnissystem mit elektronischen Gittern und Schlössern, Paßwörtern und Wächtern. Abscheulich. Traurig zu sehen, wie der Mensch sich selbst eingesperrt hat. Das Ende des alteuropäischen Individuums, das uns seit der Cromagnon-Zeit erfreut und begleitet hat. Die einzige Frage, die mich nun noch interessiert, ist, mit welchem Befehl ich wieder in meinen Kasten komme, um der Welt mitzuteilen, woran wir alle leiden, Laptop, Welt und ich, an einer Internal Stack Failure nämlich, exe2bin: hdtrns.

Das Buch als Fluch

Eigentlich sind Bücher nicht gut. Man lobt sie oft, zu oft, als sei ihre Existenz allein schon eine Wohltat. Wahrscheinlich ist ihre Existenz eine Wohltat, aber nur wenn sie ruhender Natur ist, so wie es der Gott des Aristoteles war und ist. Wo Bücher bewegt werden, fällt gleich etwas ins Auge – der Staub. Bücher haben außerdem Volumen, ja sie haben Gewicht. Ruhen sie, lassen sie zuweilen an den Geist denken, bewegen sie sich, erinnern sie an die Materie. Einen Bibliomanen wird dies nicht weiter beunruhigen. Er oder sie wird auf die Vorzüge verweisen, die Bücher auch im Reich der Materie auszeichnen. Beispielsweise, daß man an lärmenden Straßen die Wandstärke erfolgreich durch dikke Bücher ergänzen kann; daß für die leidige Auswahl von Wohn- und Schlafzimmerschränken oder anderen Dekorationen kein Anlaß mehr besteht, wo der Geist doch sämtliche Wände in Beschlag genommen hat. Dennoch ist der Bibliomane von Gegenargumenten umgeben, er ist förmlich eingezingelt, zumal von den sogenannten Naturgesetzen.

Wir wissen, welches Buch der genannte Aristoteles nach seiner *Physik* schrieb, nämlich die *Metaphysik*. Wir wissen dagegen noch nicht mit genügender Sicherheit, welches Buch Gott nach seiner Physik schrieb. Wir dürfen jedoch annehmen, daß es sich um einen Traktat gegen die Vermehrung von Büchern gehandelt hat, in dem diese als unzureichende Inkarnationen des Geistes gebrandmarkt wurden. Die Reihenfolge dieser Veröffentlichungen ist kein Zufall. Denn die Gesetze der Physik sind so angelegt, daß sie den Bibliomanen das Leben aufs äußerste erschweren wollen. Mögen sich denn zeitgenössische und künftige Generationen von Bücherbesessenen warnen lassen durch die Erfahrungen des Verfassers (im Folgenden abgekürzt als Vf.), eines ehemaligen Bibliomanen.

Vf., der unter Verdauungsstörungen litt, sofern er nicht nach dem Mittagsmahl in den Besitz eines neuen Buches gelangte, machte erste schmerzhafte Erfahrungen mit der materiellen Natur des fraglichen Gegenstandes in einer wichtigen Lebensphase – beim Abschied vom Elternhaus zwecks der Aufnahme höherer Studien. Der Lloyd seines Vaters legte nach zirka 250 Metern ein auffälliges Verhalten an den Tag. Zuerst mußten die Geschwister nach Hause gehen. An der Wiltroper Kreuzung wurde der Mutter beschieden, der Wagen müsse weiter entlastet werden. Kurz vor der Hovestädter Straße sagte Vater von Vf.: »Jöng!« Bald darauf erfolgte das Ausstoßen folgender Silben: »Ker, ker, ker!« Schließlich wurde Vf. bedeutet: »Bring schleunigst mindestens die Hälfte von deinem Büchergesocks nach Hause, sonst kommen wir erst gar nicht am Salon Schenkel vorbei und schon gar nicht auf die Soester Straße!« Doch auch diese Maßnahmen fruchteten wenig. Die örtliche Schmiede beschäftigte sich noch eine Woche mit der Achse des obig genannten Fahrzeugs. So ging auf merkwürdige Weise eine alte, dem Vf. von Kindesbeinen an bekannte Prophezeiung in Erfüllung: »Lloyd, Lloyd / Steht vorm Berg und heult./ Hundert Meter, dann steht er.«

Zusammenstöße mit den Systemen der postalischen Übermittlung ließen sich im weiteren Lebensgang von Vf. nicht vermeiden. Paketboten sonderten ungekannte Quantitäten von Schweiß ab, Zöllner gaben sich einer unkontrollierbaren Neugierde hin, Nachbarn verfielen dem Rausch des Erstaunens oder gerieten in Verzückung vor den zugegebenermaßen nicht immer geringen Buchmengen, die da in die Wohnung von Vf. flossen. »Was Sie da immer für Sachen kriegen«, sagte mit einer gewissen Regelmäßigkeit der Softwareabonnent von oben. »Lesen Sie das eigentlich alles?« – »Nein.« – Haben Sie überhaupt noch Platz dafür?« – »Nein.«

So mancher Postbeamte sah sich gezwungen, um Versetzung zu bitten, weil er dem Ansturm des Geistes nicht mehr standzuhalten wußte. Auch Familienmitglieder vom Vf. wurden in die Machenschaften gegen das Spirituelle hineingezogen. Ein Mitschüler der Tochter von Vf. stellte bei einem Besuch in der Wohnung des o.G. fest, es handle sich bei den literarischen Beständen doch um eine »ganz schön große Apotheke«. Bücher werden, wenn nicht gleich durch Kammerjäger verfolgt, von einer ignoranten Umwelt als Symptom einer besonders hinterhältigen Krankheit erkannt. In jungen Jahren mußte Vf. als einziger Leser auf einem Bauernhof sich des Verdachtes erwehren, er sei krank. Und »Sie brauchen einen Psychiater«, bestätigte erst kürzlich ein zerrütteter Buchhändler Vf. bei seinem letzten bescheidenen Einkauf. »Sie sind doch mein Psychiater«, versicherte Vf. dem Subjekt und fügte hinzu, daß der Schritt in die Psychoanalyse erst unternommen werde, wenn Alt über Jung, dann Jung, Jünger eins und zwei, schließlich die gesammelten Werke von Freud und Frankl nicht nur gelesen, sondern auch angeschafft worden seien.

Bis heute haben es die Bewohner der Pyrenäen nicht verstanden, warum sich dort vor Jahren ein Wanderer herumtrieb, der objektiv gar nicht wandern konnte, weil der Rucksack ein merkwürdig hohes spezifisches Gewicht aufwies. Nur am Rande sei verwiesen auf zusammenbrechende Hühnerställe, die als Lagerort dienten, auf geplatzte Ledertaschen oder verbogene Fahrräder und Wirbelsäulen. Der Geist macht halt keinen Halt vor den verschiedenartigen Ausgestaltungen der Materie. Als besondere Warnung möchte Vf. die Sache mit dem Aufzug verstanden wissen. Die Beschleunigung wegen Überlastung durch Buchmaterialien nahm in jenem Fall eine besorgniserregende Intensität an, zumal der Vf. als Begleitperson den Transport zu betreuen hatte. Der Weg vom fünften Stock in den Keller verkürzte sich auf ungeahnte Weise, wobei ein neues Stockwerk unterhalb des Kellers erschaffen wurde. Vf. erinnert sich mit einem gewissen Unbehagen an den Moment, da er aus einer unter dem Fundament des Hauses gelegenen Position heraus den Hausmeister dazu bewegen wollte, die Tür zu öffnen. Nur mit Hilfe des Kochs aus dem dritten und des Kripokommisars aus dem vierten gelang dies denn auch. Bis zum Umzug des Genannten hatte jener Aufzug wertvolle Dienste für die Menschheit geleistet. Heute kann er in seinem Schlingern und Schleudern von Touristen besichtigt werden als Beispiel für die beklagenswerte Hybris des Geistes.

Mögen diese Andeutungen genügen – als Themen für die Meditation, aber auch als Anreiz für künftige wissenschaftliche Forschungen, die letztlich das Ziel haben sollten, das menschenfeindliche Phänomen der Bibliomanie zu beseitigen. Für Vf. stellt sich alles in allem die Frage, wie schwer darf der Geist eigentlich sein, um noch zuverlässig wirken zu können?

Nachschrift. Obige Betrachtungen sind auf ihre Weise durchaus wertvoll. Ihre Entstehung verdanken sie jedoch einzig der Tatsache, daß seit einiger Zeit keines der genannten Objekte den Weg in das Haus von Vf. mehr fand. Die Ankunft eines neuen Pakets macht nun jedoch eine gewisse Revision des umrissenen Standpunktes notwendig. Bücher sind durchaus ungut, ja. Allerdings ist festzuhalten, daß keine Bücher noch unguter sind. Wer die Behauptung aufstellen möchte, das Buch sei ein Fluch, der möge doch bitte bedenken, daß die besten Flüche immer noch in den Büchern ausgestoßen werden.

Kurzmeldungen aus dem Bücherstaat

Seine Bürger sind flüchtige Wesen, ihre Republik ist durchsichtig. Die Vorgänge, die zu einer Regierung führen, undurchschaubar. Gibt es eine Regierung?

Es gibt sie nicht; Ordnungen, die entstehen, sind wellenförmig, sie erinnern an das Meer. Die Bewohner sind Verlorengeglaubte, nicht Angekommene. Erst im Vorgang des Lesens tauchen sie auf, nur kurz, um bald darauf wieder in die Anonymität zu verschwinden.

Ein Buch sollte man sein, dachten sie, das verhindert Einseitigkeit.

Handlungen, oder was davon noch übrig war, ersetzten sie nach und nach durch Bücher. Man erfand Orte für diese Ablösung und nannte sie Buch-Handlungen.

Lesen sahen sie als eine gelehrte Form der Ekstase an.

In ihrer Theologie ist Gott der erste Verleger. Sie verbringen melancholische Abende mit der Frage, welche Autoren er fördert, welche er abgelehnt und zum Scheitern verurteilt hat.

Nein, in ihren Adern floß keine Druckerschwärze; aber ihre Seelen waren aus Papier.

Der Tourismus begann, als sich einige Wesen danach sehnten, ihr angestammtes Buch zu verlassen und in andere Bücher einzudringen. So begann der Große Verkehr, und die Historiker bekamen alle Hände voll zu tun.

Ihre Tiere hielten sie in Stallungen, die wir Fußnoten nennen.

Eine ihrer Theorien für die Entstehung der Welt lautet: Als Gott die Schöpfung in Druck gab, da hatte er niemanden, der die Korrekturfahnen hätte lesen können. Erst als es zu spät war, meldeten sich die Menschen.

Es gibt unter ihnen Philosophen, die Bücher nach verschiedenen Glassorten einteilen. So gibt es Bücher wie Ferngläser, Lupen, Brenngläser, Kristalle, verstaubte Fensterscheiben, Kirchenfenster oder zerbrochene Bierflaschen.

Menschen teilen sie ein in die Ein- oder Vielseitigen, die Viel- oder Niezitierten, die Mehr- oder Unbändigen.

Ihre Gnostiker verstiegen sich zu der Vorstellung, der Kosmos sei ein einziges Buch. Dieses werde von Zeit zu Zeit, aber ohne daß man dies voraussagen könnte, von einem unbekannten Leser gelesen und dann für lange Zeit wieder beiseite gelegt. Die Erde sei demnach auf einem Eselsohr entstanden.

Als sie einmal des Schreibens überdrüssig wurden, befahlen sie den Büchern, sich zusammenzutun und selber neue Werke zu erzeugen. Doch bald führte dies zu furchterregenden Zuständen. Die Straßen wurden unbegehbar. Sie erfanden Regeln, die verhindern sollten, daß auf den Regalen weiter ungehemmt kopuliert würde.

Ein übler Erfinder konstruierte Bücher mit Blähungen. Bibliotheken sollten zu einem öffentlichen Ärgernis werden.

Ihre Mathematiker berechneten nach der Anzahl bestimmter Buchstaben die Herkunft eines Buches. Die Wesen ließen sich von dem jeweiligen vermuteten Autor ein Phantombild anfertigen und stellten es sich auf den Hausaltar. Das war die Ursache für blühende Wirtschaftszweige.

Ihre Genetiker beschäftigten sich mit der Frage, bei welchen Buchstabenkombinationen welche Art von Wesen entstehen und auf welche durch Buchstaben ausgelöste Signale sie wieder vergehen.

Ihre Hellseher beschrieben gegen gute Bezahlung das Ende von Büchern. Allerdings währten ihre Voraussagen nur so lange, wie die Bücher, denen sie selbst angehörten.

Eine Gruppe forderte, es sei jetzt, nach den vielen gelehrten Schriften über die Geschichte des Holzes, endlich an der Zeit, eine Geschichte des Sägemehls zu schreiben.

Die Feinde des Bücherstaates sagten: Bücherregale sind verstopfte Leitern.

Es gab das Gerücht, daß der Glaube an einen persönlichen Autor bald nicht mehr gültig sei. Die Astronomen und Physiker des Landes hatten die Hypothese aufgestellt, alle Bücher seien aus einem großen Knall hervorgegangen.

Nachdem sich die Hellseher eines Nachmittags alle einig waren, daß es nicht mehr lange gehen würde mit dem Bücherstaat – sie lagen alle in einem visionären Krampf und riefen: Wir sehen nur noch Fiches und Chips! – da begann die große Flucht. Während die einen, die Eskapisten, der Realität zueilten, flohen andere in die Registerseiten und Karteikarten, in der Hoffnung, ihr Leben zu verlängern. Andere zogen ein unauffälliges Leben in den Fußnotgebieten vor.

Im Bücherstaat wuchsen bald keine Bäume mehr. Einer wurde beauftragt, das Mittel zu erfinden, mit dem man Bücher in Holz zurückverwandeln könnte. Die Bibliotheken und Buchhandlungen verschwanden bald unter tiefen Wäldern. Man atmete auf.

Es wurden Seminare eingerichtet, in denen man seine Unkenntnisse vertiefen konnte.

Reiselektüre

Ein Kapitel aus den Leiden und Freuden der Bibliomanie

Was eine Reise in sich hat, sieht man noch am besten an den Büchern, die man mitnehmen will. Alles ist dabei gefragt: die richtige Selbsteinschätzung, die berufliche Perspektive, der Lustwert, ja auch der prophetische Sinn, die telepathische Gabe, denn das richtige Buch sollte schon auf die Zukunft reagieren. Modellversuche für diese Art der Identitätsfindung werden am besten in der Badewanne durchgeführt. Denn während das Wasser einläuft, muß das richtige Buch gefunden werden. Dabei kommen Fragen auf, deren Beantwortung durchaus die Weichen für ein Leben stellen kann. Soll man die nächsten zwanzig Minuten mit Entspannung und Scherz verbringen, oder geht es um die geistige Anregung, den ökologischen Einblick, den Dialog mit Dostojewski? Ist Regression angesagt? Oder wäre nicht vielmehr der Plastikeinband von Relevanz, die Sicherheit des Buches vor Wasserschaden? So rast der Buchmensch von Regal zu Regal, entstaubt Mark Twain, beschnüffelt die Chaostheorie, die beim Kauf so dringend erschien und nun schon drei Jahre auf einen Auftritt wartet, und wenn die Entscheidung dann gefallen ist und die Tageszeitung schließlich mitgeht als die neutrale und saubere, wenn auch unförmige Lösung – dann ist das Badewasser entweder lauwarm geworden oder jemand anders hat sich inzwischen in die Wanne gesetzt, vielleicht der Dr. Müller-Lünenscheid.

Wie also erst, wenn einer auf die Reise geht. Das schöne Verbum ›reisen‹ ist sprachgeschichtlich doppeldeutig, und nur der Buchfink weiß warum. Es heißt nämlich ursprünglich sowohl ›sich erheben‹ als auch ›niederfallen‹. Erhebt er sich und geht er an die Auswahl, so wird er bald niederfallen unter der Masse der Möglichkeiten. Der Tod in der Bibliothek ist ein beliebtes Motiv des Kriminalromans. Erste Frage: Soll ich die Reise zu einer Ausnahmezeit erklären und endlich all das lesen, was ich immer schon wollte? Was nichts mit Beruf und Fach zu tun hat, auf jeden Fall kein Rezensionsexemplar ist? Endlich etwas über die Evolution des Geruchssinns bei den Bienen lesen oder über die Verschwörung von Ulan Bator, die Gralssucher in Blaubeuren! Neue Horizonte! Bewußtseinserweiterung! Aber, zweitens: Was hats mit einer Erweiterung schon Gutes auf sich? Im Leben zählt die Vertiefung. Im Leben kann man nur wenige Seiten lesen. Also lesen wir sie gründlich, mehrmals: Vergil oder Shakespeare, Stechlin oder Schiller oder den renitenten Chesterton. Nur eins ist sicher: Eco wird nicht gelesen, weder Name noch Rose noch Pendel. Das kann im nächsten Jahrtausend nachgeholt werden. Und bitte schon gar nichts von jener beigen Urlaubslektüre, die einem die Verlage alljährlich anpreisen, da quillt aus jedem Absatz Sonnencreme.

Zwei Stunden später, und die Entscheidung ist gefällt. Ein Klassiker soll es sein. Homer. Gefällt – ja –, aber wie ein Baum. Da liegt sie nun wieder, die Entscheidung, und gefällt nicht. Wo anders als in der italienischen Ferienwohnung wird man auf Neues bereit sein. Bildung ist doch das letzte. Voraussetzungslos lesen, das kommt dem Leben noch am nächsten. Alles über Bord werfen; lieber Handke, Walser oder Hohl. Aber Hohl ist zu schöner Dünndruck für so eine Fahrt, Jakob von Gunten zerfällt, wenn man ihn nur ansieht – und Handke, Peter? Ich geb ihm nochmal zwei Jahre, dann bin ich dabei. Obwohl... wie er neulich auf das Mikrofon eingeschlagen hat, das hat mir schon gefallen.

Aber hör mal, ist es nicht eine Schande, daß du als sogenannter Literaturwissenschaftler noch nicht mal den *Don Quijote* gelesen hast? Redest von Weltliteratur, ohne eine Seite des *Genji Monogatari* zu kennen? Die Zeit ist reif (auch wenn du es nicht sein solltest). Und Philosophie muß ins Gepäck, Hegels Geisterlehre, die du im Gewühl des Alltags nie lesen wirst. Das Lispeln des Logos in Platon.

Aber wenn Philosophie, dann bittschön, auch den kriminalistischen Ausgleich – P.D. James, Tony Hillerman oder Edmund Crispin! Chandlers Briefe!

Um Mitternacht wissen es alle, nur ein Buch soll mit, nur eins, ein Welt- und Witzbuch, ohne das das Wort Urlaub schal und hohl klingt: Der *Ulysses* ists. Der verdiente Schlaf erreicht nun auch das verwirrte Herz des Bibliomanen.

Aber der Reisenwollende hat nicht mit den Träumen gerechnet. Rücksichtslos gehen sie an ihr obskures und mechanisches Werk, zerkleinern alles fein säuberlich, und als er am nächsten Morgen aufwacht, findet er seine Lesepläne als Sägespäne vor. Um den Koffer stapeln sich Bände, Zeitschriften nicht zu vergessen, wofür die vielen Abogelder, Fotokopien, und von jedem Regal werden blind ein Dutzend Bücher herabgerissen, irgendwas muß ich mir beim Kauf doch gedacht haben, im Rucksack ist auch noch Platz, und warum nicht noch die Tüte mitnehmen, und endlich eilen wir zum Bahnhof: und im Abteil, zwischen insistierenden Walkmännern, ungeduldig scharrenden Füßen von Rentnern und fettigen Butterbrotpapieren packe ich aus – langsam – tief einatmend –, um die Schätze zu sichten. Das ist die Vorahnung des Paradieses, so war es und so wird es sein.

Anklänge

Oskar Loerke und einige britische Lyriker

1.
Oskar Loerke und die angelsächsische Literatur? Darüber gäbe es einiges zu sagen. Loerkes Tätigkeitsfeld als Lektor, Kritiker und Dichter ist mit dem T.S. Eliots zu vergleichen, auch wenn Eliot viel einflußreicher für das englische Kulturleben war. Als Lektor des Fischer Verlags kam er mit so manchen Werken dieses Kulturkreises in Berührung, edierte Joseph Conrad, schrieb ein Nachwort zu Defoes *Robinson*, über Rudyard Kipling, war beeindruckt von John Dos Passos, sah Shaw und Shakespeare im Theater, verfaßte einen kleinen Aufsatz über den irischen Lyriker William Butler Yeats. Das sind einige oberflächliche Anhaltspunkte eines nicht sonderlich zentralen Interesses bei Loerke. Wenn im folgenden nach Parallelen zwischen der britischen Lyrik und dem Werk Loerkes gefragt wird, so geschieht dies nicht unter dem Blickwinkel des Einflusses. Wichtiger erscheint mir, daß bei genauerem Hinsehen sich Ähnlichkeiten von Bildern und Motivketten, von metaphorischen Strukturen und Themen, von Haltungen zur Lyrik zwischen Loerke und einigen neueren britischen Lyrikern zeigen lassen. In jedem einzelnen Fall führen biographische und allgemein kulturelle Faktoren zu Parallelen, so daß ein doch tief in deutscher Tradition verwurzelter Lyriker mit gleichzeitig oder später geborenen Autoren eines anderen Kulturkreises vergleichbar wird. Über das Erklärbare hinaus wird man dann vielleicht weitere Ursachen für solche Wahlverwandtschaften und Anklänge vermuten können.

2.
Neben seiner Melancholie war Loerke nichts so wichtig wie die Musik. Wer seine Tagebücher liest, stößt bei jeder zweiten Eintragung auf Namen von Komponisten, insbesondere Bach und Mozart, auf Musikabende und Konzerte, auf das Violinespielen oder auf Reflexionen zur Musik als Kunst. Die Gedichte geben diese existentielle Vorliebe wieder, sei es in der Suche nach Wortklängen, sei es in Form von Themen, Motiven oder musikalischen Strukturen. Aus der Musik nährt sich bei Loerke die Sprache ebenso wie aus dem Bild; alles Gesprochene bezieht sich auf einen Horizont des Ungesprochenen, Unsprechbaren, das im Klang überdauert. Am 4. Dezember 1913 notiert er im Tagebuch: »Inzwischen herrlich musiziert. Diese Kunst immer neue Quellen meines Wesens öffnend. Ohne sie wären meine Phantasien wahrscheinlich ärmer, schlechter, belangloser für das verborgene Wesen der Dinge.«

Der Titel seiner Gedichtsammlung *Pansmusik* ist vielleicht der deutlichste Name für dieses »verborgene Wesen der Dinge«. Im Titelgedicht wird die Musik zum Schöpfungsprinzip. In der Figur des Pan – der seit den neunziger Jahren des 19. Jahrhunderts häufig in Kunst und Musik Europas auftaucht – verkörpert sich bei Loerke die griechische Idee des Sphärenklangs, der Grundmelodie des Universums. Klang ist Schöpfungsklang:

Heut fährt der Gott der Welt auf einem Floße,
Er sitzt auf Schilf und Rohr,
Und spielt die sanfte abendliche, große,
Und spielt die Welt sich vor.

(...)

Er baut die Ebenen und ihre Städte
Mit weichen Mundes Ton
Und alles Werden bis in dieses späte
Verspieltsein und Verlohn

Doch es ist Spätzeit, das letzte Lied wird der Schöpfung hier gespielt, am Ende des Gedichts schläft die Seele ein, Oben und Unten verlieren ihre Begrenzungen, und ein neues Chaos wird anbrechen: »Bald wird der Wind aus seiner Höhe fallen,/Die Tiefe nicht mehr sein.« Die Erinnerung an die Sphärenmusik bestätigt letztlich das Ende eines Zeitalters. Was nun anbricht, taugt nicht mehr zur Harmonie. Matthias Ulrich schreibt: »Das ist der Grundklang, schwer und ungefügt, das dichterische Wort vermag die Harmonie zwischen Zeit, Welt und Ich nicht herzustellen...«

Neben Dylan Thomas gibt es in der britischen Lyrik einen Autor, der so auf den Klang und die Bedeutung der Musik achtete wie Loerke. Die Rede ist von Basil Bunting (1900-1985), einem Freund und Schüler Ezra Pounds. Bunting wurde zum Vorbild für Lyriker wie Allen Ginsberg, Robert Creeley oder Charles Tomlinson, insbesondere weil er im Klang die Daseinsberechtigung von Dichtung sah. In den sechziger Jahren schrieb er nach einer langen Pause sein berühmtestes Gedicht *Briggflatts.* In diesem Langgedicht zieht Bunting die Summe seines Lebens, seiner Poetik: Es ist Autobiographie, Geschichte und Landschaftsbild zugleich. Italien, Persien und Nordengland markieren hier Lebensstationen des Autors. Die Entstehung des Gedichts beginnt mit einer musikalischen Gestalt, einer fünfteiligen Hügelkette, die den Schritten einer Sonate entspricht. Vor allem Scarlattis Sonate Longhi 33 ist das Modell für diese Gestalt. Im vierten Teil nähert sich Bunting dem Zentrum seines Gedichts:

> Während des Spielers Atem den Kern wärmt, klärt
> sich der Ton.
> Es ist Zeit zu sehen, wie Domenico Scarlatti
> so viel Musik in so wenig Takte drängte,
> und nie ein Doppelschlag verpfuscht oder Kadenz zu
> voll,

kein Prahlen und kein Schau-mal-da; und Sterne
und Seen
sind ihm Echo (...)

Sterne und Seen, gegenseitig gespiegelt – diese Konstellation erinnert an Loerkes *Pansmusik*, wo der Gott auf einem Himmelsfloß einfährt, die Welt ›erspielt‹, um dann wieder ins Kosmische zurückzugehen:

So fährt sein Licht und ist bald bei den größern,
Orion, Schwan und Bär:
Sie alle scheinen Flöße schon mit Flößern
Der Welt ins leere Meer.

Ebenso bei Bunting. Der Schluß des Gedichts, der fünfte Teil, der dem Winter entspricht, ist der Rückkehr in eine kosmische Ordnung gewidmet. Der Winter Buntings ist der Schlaf bei Loerke, der Beginn anderer Ordnungen, die diesseitig als Chaos erscheinen. Wo bei Loerke Pan verschwindet, eine mythische Figur, auf die Bunting von vorneherein verzichtet hat, da vergeht bei Bunting die mythische Figur des Subjekts, die Fiktion des Ich, das seiner Autobiographie nachgeträumt hat und sich nun in eine andere Daseinsform begeben muß. Musik bedeutet Annäherung an eine objektive Welt:

Große Streicher nahe den Harfen
klingen, das Horn hat Majestät.
Flöten flimmern im flackernden Luftzug.
Orion schreitet über Farne.
Robben schlurfen und bellen,
Seeschwalben wechseln umher auf ihren Riffs,
schauen wie Capella zugeht auf Zenit,
und Procyon beginnt seinen Aufstieg.
Fernste, feinste Dinge, Sterne, frei von unserem Humbug,

jeder bei sich, je länger gekannt, desto einsamer,
gehüllt in Feuer emphatisch, das brausend ins
Schwarze zieht.

3.

In vielen modernen Dichtungen seit dem Symbolismus übernimmt die Musik eine ähnliche Funktion wie sie einst der Mythos hatte. Beide sind Zeichen- und Gefühlswelten, die sich radikal von denen des Alltags unterscheiden, vertreten ein Anderswo, und wenn nicht unbedingt eine bessere Welt, so doch eine dichtere, erregendere, die tiefer mit dem innersten Selbst verbunden ist. Mythische Weltordnungen gehen über das kleine Ich hinaus und binden es in größeres Geschehen. Bei Loerke finden sich zahlreiche Anspielungen auf Mythen – Pan, Orpheus, Dionysos, heilige Quellen und Brunnen – ebenso wie auf mythisch-magisches Geschehen: Belebung des Unbelebten, Erstarren des Belebten, Metamorphose und Zauberei. Landschaften werden als magische Welt erlebt, in denen Sinn auf Sinn, Reim auf Reim anklingt. In Loerkes Gedichten schickt das alte Märchen immer wieder Sendboten aus, seien sie nun offen erkennbar oder verkleidet in Metaphern und Bildern. »Zeitloses Erwachen« beginnt so:

Im Garten wuchs bei Nacht der Norden,
Ich bin von keiner Zeit noch schwer.
So bin ich ausgenommen worden,
Zu altern wie die Welt umher?

Gegen Ende heißt es weiter: »In Vasen wuchs die Zeit und Schalen/Und wächst, doch über fließt sie nie.« Eine Welt, in der ein Sprecher nicht altert, gehört der Märchenordnung an; und wo Zeit und Norden »wachsen«, da folgt sie magischen Gesetzen ebenso wie die Welt von »Nebelheim« oder »Frühjahrslicht im Zimmer«, wo die Vision einer Art

Schneewittchen als »leuchtendes Erblinden« endet.

Kein anderer englischer Lyriker der Nachkriegszeit beherrscht so sehr das Repertoire der Mythen wie Ted Hughes (geb. 1930), der seit 1985 der Poet Laureate Großbritanniens ist. Von seinen ersten Gedichten an drang er in die magische Welt der Tiere ein, versuchte er, die Wirklichkeit mit ihren Sinnen wahrzunehmen. Die Verwandlung des menschlichen Blicks führte zu traumhaften Landschaften ebenso wie zu dem Rückgriff auf mythische Elemente als Ausdruck einer tieferliegenden Weltordnung, in der der Mensch nur Gastrecht hat. Hughes ist daher auch derjenige englische Lyriker, der dem deutschen Expressionismus am nächsten steht, in dessen Umfeld ja auch Loerke anzusiedeln ist. Wenn Loerke sich nach Atlantis wendet (in »Bemalte Vasen von Atlantis«), so ist dies aber keine Flucht vor der Gegenwart, sondern ihre Belebung aus einem Jenseitigen, Vorgeschichtlichen heraus. Loerke spricht in diesem Zusammenhang von dem »Schöpferischen der Vorzeit«, das mit dem gegenwärtigen Schöpferischen in engster Beziehung stehe. Hughes seinerzeit sieht in der Dichtung einen Stromkreis, der die Gesellschaft mit dem Kosmos verbindet. Wie archaische Praktiken – vom Schamanismus bis hin zur katholischen Liturgie – stellt die Dichtung den Menschen wieder in seine kosmische Herkunft. Mythische Landschaft findet sich z.B. in dem frühen Gedicht »Die Pferde«:

Ich durchstreifte Wälder im Dunkel, kurz vor
Dämmerung.
Böse Luft, ein frosterzeugendes Schweigen,

Kein Blatt, kein Vogel, –
Eine Welt in Frost gegossen. Oben trat ich aus
dem Wald,
Wo mein Atem Zerrbilder im stählernen Licht
zurückließ.

Doch die Täler schluckten die Dunkelheit
(...)
Und ich sah die Pferde:

Riesig im dichten Grau – zehn beisammen –
Schweigende Megalithe.
(...)

Auch Loerke hat ja in einigen Gedichten den Pferdeseelen nachgelauscht, so in den Texten zu Figuren der Bildhauerin Renée Sintenis. In den Gedichten von Hughes entstehen um Wölfe, Füchse, Ratten und Raubvögel magisch verdichtete Welten. Auch Pflanzen können sich märchenartig verwandeln, so zum Beispiel Disteln in Krieger:

Dann werden sie grau, wie Menschen.
Niedergemäht, ist es eine Fehde. Ihre Söhne erscheinen,
Steif vor Waffen, schlagen zurück auf demselben Boden.

Auch Loerke spricht von einem »Schattenheer Disteln« (»Das Karussell«), und in »Der Traum von den Disteln« rückt seine Vision noch näher an die von Hughes:

(...)
Die Stachelkugeln grinsen manchmal wie Menschenköpfe,
Messer, Speere gieren herab von den Stielen,
Ungestüm stechen und hacken sie, ohne zu zielen.

Die Traumwelt ist für beide ambivalent. Einerseits nährt sie die Phantasie, ist ihr Lebensgrund; andererseits aber bedroht sie das Subjekt, das sich nicht aufgeben darf, soll es der Sprache mächtig bleiben, die ja Bedingung für das Gedicht ist und für die Welt, die in diesem erst wirklich wird. Wie Orpheus ist der Dichter, der mit Archetypen arbeitet, immer in der Gefahr, sich umzudrehen, zurückzuschauen oder vom Abgrund hypnotisiert zu werden.

4.

Wo Mythen in der Neuzeit sprechen, da geschieht dies immer in einem Gespräch. Ein Ich ist entstanden, das sich einerseits befreien will aus den magischen Zwängen, andererseits aber ohne den mythischen Grund sich seinen eigenen Lebensfaden abschneidet: Dialektik der Aufklärung. ›Ich‹ kann in gewisser Weise nur existieren als ein Gespräch – in einem Austarieren von Ich und Nicht-Ich, im Austausch des Gegensätzlichen. Gespräche sind bedroht, wo ein Teil das andere übertönt, einengt oder einfach weghört. Ossip Mandelstam sah im Gespräch die einzige Möglichkeit des Dichtens überhaupt. Dem Gespräch des Ich gehen Prozesse der Befreiung und Bewußtwerdung voraus, die nur die Poesie (oder das poetische Vermögen im Menschen) auszulösen vermag, denn diese setzt nicht auf Zerstörung oder Verdrängung dessen, von dem das Ich sich befreien muß, um als solches in Erscheinung zu treten. Das Ich, das nicht vollständig in gesellschaftlichen Funktionen aufgehen will, ist darauf angewiesen, seine Prozessualität, seine Anteile von Nicht-Ich, seine Fremdheit also zu befragen und ins Licht zu stellen, sie sprachlich zu artikulieren. In der Dichtung Loerkes kann dieses Befremden in einer Meditation über Wurzeln erscheinen, so in »Die Wurzeln«.

Ich war der Same einer Rüster.
Dunkle Wurzeln trieb ich.

Sie wuchsen bärtig durch den ganzen Garten.
Ich trieb nach allen Seiten wie ein finstrer Schrei.

(...)

Ich war die Wurzel: und ich aß den Stern.
Die Krone war ich: und ich lebte ihn.

Die Krone aber wußte nichts von sich
Und sehnte sich aus ihrem kleinen Garten.

Charakteristischerweise lautet der Untertitel dieses Gedichts »Halbtraum vor dem Einschlafen« und deutet damit auf eine Bewußtseinsschwelle, die seit der Romantik eine besondere Bedeutung gewonnen hat, jenen hypnagogischen Zustand, in dem Traum und Tagesbewußtsein sich vermischen.

Das Ich kann durch Auflösung bedroht sein, es muß sich aber auch aufgeben können, um sich in seiner kosmisch-überindividuellen Bedingtheit erfahren zu können. Sonst bleibt es eine Maske. Ein Gedicht wie »Nächtliche Körpermelancholie« vollzieht diese ›Verkörperung‹ des Ich als nächtliche Reise durch ein notwendiges Außer-Sich nach:

Was ist nun Ich? – – – – – – – – – – –
Die Füße sind wie Berge in der Ferne,
Zu fremd und schwer, ich kann sie nicht bewegen.
Das Herz wie eine einsame Zisterne,
Und viele öde Meilen mir entlegen.

Ich weiß: – – – – – – – – – – – –
Die Hand hängt tief in einem Wald von Kohle,
Die Stirn trägt eine Hauptstadt, grell von Lichtern.
Auf meinen Füßen schläft das Eis der Pole,
Darunter schluckt das Meer in Strudeltrichtern.
Ich werde nichs fürchten und nichts vermissen
Und ohne Schmerz und ohne Hunger liegen
Und nur soviel wie große Flügel wissen,
Auf einem Sterne mit Gestirnen fliegen.

Ähnlichen Expeditionen in die Fremdheit des Ich begegnet man in der Lyrik von Ted Hughes. Man denke an das Titelgedicht der Sammlung *Wodwo,* in dem ein noch kaum definiertes Wesen (ein Waldwesen, ein wildes ausgegrenztes Ich, altenglisch ›wodehouse‹) sich über seine Sinne und die Außenwelt zu begreifen sucht:

> Was bin ich? Schnüffle hier, drehe Blätter um,
> folge einer schwachen Luftstörung zum Flußrand,
> gehe ins Wasser (...)
> Aber wie soll ich genannt sein bin ich der erste
> habe ich einen Besitzer welche Gestalt hab ich
> (...)
>   ich glaub ich bin der genaue Mittelpunkt
> aber da ist all dies was ists Wurzeln
> Wurzeln Wurzeln Wurzeln und hier ists Wasser
> wieder sehr merkwürdig aber ich werde weiterschauen

Bei irischen Autoren wie Seamus Heaney oder John Montague nimmt diese Suche nach Wurzeln und der Gestalt des Ich Formen an, die von der irischen Kultur und der politischen Situation geprägt sind. Seamus Heaneys Frühwerk kann als eine allmähliche Entflechtung des Ich aus den Zusammenhängen einer bäuerlich-handwerklichen Kultur gedeutet werden. Eine neue Stufe des Bewußtseins ist immer auch mit dem Aufscheinen von Fremdheit und Bedrohung verbunden. In der Erinnerung an eine kindliche Erfahrung der häuslichen Scheune wird dies besonders deutlich:

> ...
> Das Dunkle verschlang wie ein Dachboden. Ich
>   war Spreu
> Zum Picken für die Vögel, wenn sie durch die
>   Schlitze geschossen kamen.

Ich lag mit dem Gesicht zum Boden, vor dem da
oben scheu.
Es nahten die Säcke mit doppeltem Griff wie
große, blinde Ratten.

Auch für Heaney findet die Entstehung des Ich im artikulierten Wort der Dichtung statt. Der Brunnen wird zum Ort der Entdeckung dieses Zusammenhangs in »Privater Helikon«.

Als Kind konnte ich nicht von den Brunnen
lassen, nimmer
Von den alten Pumpen mit ihren Winden und Kübeln.
Ich liebte das dunkle Tropfen, den eingefangenen
Himmel,
Von Wasserpflanzen, Schimmel, feuchtem Moos
die Düfte.

(...)

Jetzt ist Erforschen von Wurzeln, Befingern
von Schleim,
Großäugiges Starren, als Narziß, in irgendeinen Schacht
Unter erwachsener Würde. Ich mache einen Reim,
Um mich zu sehen, ein Echo zu rufen in der Nacht.

Hermann Kasack schrieb, daß sich bei Loerke nicht nur der Klang, sondern auch der Sinn reime. Loerke selbst hat oft und intensiv über den Reim nachgedacht und ihn als Bewußtseinsfaktor erkannt. Der Sprecher, der sich in Heaneys Gedicht einen Reim auf die Welt zu machen beginnt, vernimmt deshalb im Echo den Beginn einer Selbsterkenntnis, die nur die Dichtung leisten kann. Loerke seinerseits schreibt in seinem Essay über den Reim: »Der Urdrang des Reimes [ist], zu gesellten Dingen lebendige Geister zu gesellen, damit sich der Bestand der Schöpfung selbst begreife...«

Metamorphosen, wie sie Loerkes Ich in nächtlicher Auflösung durchläuft, finden sich bei den Iren u.a. in der Gestalt des zum Vogel verwandelten heidnischen Königs Sweeney, dem nicht nur der Erzähler Flann O'Brien ein fulminantes Werk gewidmet hat *(At Swim-Two-Birds)*, sondern den auch Heaney und Montague als Prototypen für den Dichter gewählt haben.

5.
Die Parallelen zeigen, daß Loerkes Dichtung mitten in einem Kontext europäischer Erfahrung des 20. Jahrhunderts steht. Wie viele der wichtigsten britischen und irischen Lyriker und Lyrikerinnen hat er den Ort der Poesie eingekreist als eine Quelle der Reflexion und der Erneuerung aus Sprache. Die Bildkraft menschlicher Phantasie, ohne die keine Zukunft denkbar ist, erfrischt sich und wächst in der zarten Empirie der Dichtung. Die Tatsache, daß Loerke auch in der neueren Lyrik eines anderen Kulturkreises Geistes- und Sprechverwandte hat, deutet daraufhin, daß seine Lyrik noch längst nicht pure Literaturgeschichte geworden ist. Sie steht uns vielleicht erst noch bevor, denn, wie er sagte, »beständig ist das leicht Verletztliche.«

Basil Bunting, *Briggflatts und andere Gedichte*, englisch/deutsch, übers. von E. Schenkel, Graz 1990, S. 51.
Seamus Heaney, *Ausgewählte Gedichte*. Englisch-deutsch, übers. von Henriette Beese, Stuttgart 1984
Ted Hughes, *Gedanken-Fuchs*. Gedichte englisch-deutsch, übers. von Egbert Faas, Berlin 1971
Oskar Loerke, *Tagebücher 1903-1939*, hg. von Hermann Kasack, Frankfurt/M. 1986
ders. *Die Gedichte*, Frankfurt/M. 1984

Das Greifbare

Überlegungen zu Hugo Kükelhaus

> Wir sind heute in der glücklichen Lage, ohne Ausweg zu sein.
> *Hugo Kükelhaus*

1.

Wenn ich versuche, mich an Hugo Kükelhaus zu erinnern, fallen mir zuerst seine Hände ein. Ich sehe sie vor mir auf dem Tisch, sagen wir eines Gasthauses im Schwarzwald, oder in Soest, auf seinem eigenen Tisch, den er sich aus dem Glockengestühl einer zerstörten Kirche gemacht hatte. Die Hände sind in ständiger Bewegung, sie springen, kugeln sich, machen Purzelbäume, kneten etwas Unsichtbares. Pralle Hände, rundlich, geplatzt, zerfurcht, aber eigentlich die Hände eines Kleinkindes, auf jeden Fall so greif- und spiellustig wie diese. Sie können mehr als fassen und greifen: Sie können riechen oder zu Ohren werden und wahrscheinlich können sie auch sehen und sprechen. Ich habe sie in fortwährender Bewegung gesehen – mal falteten sie Papier, stießen eine Kugel an, drehten Kreisel in alter Lust, schnappten sich einen Bleistift, um eine mathematische Formel auf den Bierdeckel zu zeichnen oder die neuesten Erkenntnisse von Maturana und Prigogine auf eine Serviette zu kritzeln – nein, gekritzelt haben diese Hände nie. Man sehe sich Kükelhaus' Handschrift an – dieses kunstvolle, schwungvolle Knotenwerk, mit dem er das auf den ersten Blick Zusammenhanglose zu einer Welt zusammenknüpfte. Das war Bindearbeit, Weberei, Zauberei. Wenn die Maori sagen, wir müssen ein Problem lösen, dann sagen sie: Wir flechten an einem großen Korb. Kükelhaus' Schrift war ein Teil dieses Korbs. Zauberer war er, wie Kinder bestätigen können. Seine Hände wußten, wo es was zu holen gab für Phantasie und Glück – die Taschen waren voller Dinge: Bernsteinkugeln, Feldspat, rätselhafte Figuren. Seine Hände waren so etwas wie jene Gestalt, für die er Bilderbücher malte und schrieb: Sie waren Träumlinge, denn träumen konnten diese Hände auch. In *Du kannst an keiner Stelle mit eins beginnen*, einer Sammlung von Aufzeichnungen, die Kükelhaus als Sanitäter bei sterbenden Soldaten in Rußland machte, heißt es:

> Hast du mal gesehen, wie eine Schnecke ihre Fühler herausstreckt? Ich glaube an ihren Enden sind Augen. Sie kann sie nach allen Seiten hin drehen. Fast wie ein Teleskop.
> So sind auch meine Finger.
> Seit sie mir die Hand amputiert haben, weiß ich das.
> Was soll nun werden...

Warum dies alles über Hand und Hände?
Nun, die Hand ist etwas ganz Zentrales in Kükelhaus' Denken. Sie ist gleichsam das Glied, an dem sich Geist und Körper verständigen, Legislative und Exekutive gleichsam, ein Ort, wo beide mitreden. Letztlich läßt sich dies über jeden Körperteil sagen, aber die Hand setzt die Verständigung in Bewegungen um, die Hand ist das praktisch gewordene Gehirn. Das beginnt mit dem greifenden Gestalten des Raumes, das wir beim Kleinkind finden, wo die Bewegungen viel mehr an die Stülpungen und Windungen des Gehirns erinnern als an ein lineares, zielgerichtetes Zufassen. Das Kind erschafft geradezu den Raum mit seiner Gestik, sagte Kükelhaus. Bis zum Exzess haben wir inzwischen gehört, daß Greifen und Be-Greifen, daß also Grips und Grapschen zusammenhängen, so oft, daß man lieber nicht mehr darüber nachdenken möchte, denn durch Übergebrauch vernutzen sich bestimmte Tatsachen, die aber eigentlich richtig sind. Auch im Trivialen ist die Wahr-

heit, aber sie liegt dort im Tiefschlaf. Jedenfalls sind die zwei Elemente, die im ›Be-Greifen‹ stecken, dafür verantwortlich, daß es den Menschen gibt. Denn hier, in der Doppelung von Geist und Praxis, zeigt sich, daß wir gottlob über das rein Äffische hinaus sind. Paläoanthropologen wie André Leroi-Gourhan haben gefunden, daß es ohne die Freiwerdung der Hand zum Greifen auch keine Sprache gäbe. Ohne die Sprache aber hätte das Werk der Hand, das Handwerk nicht verfeinert werden können. Anders gesagt: Hand und Wort bedingen einander.

Nun gibt es eine große Bandbreite von Greifarten, die vom zärtlichen Berühren bis hin zum Raffen und Grapschen gehen, von der spielend-ergreifenden Hand des Säuglings zur gierigen Hand beim Winterschlußverkauf, von der geballten Faust des Kommunismus und der schneidenden Hand des Hitlergrußes – einmal macht sich die Hand zum Stein, das andere Mal zum Messer – bis hin zur winkenden Hand, die ein Streicheln aus der Ferne darstellt. Die Arten des Greifens und die symbolische Spannweite der Hände zeigen uns, wie sehr eine simple Bewegung Ausdruck geistiger Vorgänge sein kann. Vielleicht könnte man durch Serien typischer Handgesten auch ganze Kulturen abbilden. Preisfrage: Welche Handgesten, Greifformen sind die für uns in den neunziger Jahren typischen?

Wenn wir ein Gerät hätten, alle Hände in Bewegung zu sehen, an einem normalen Arbeitstag in deutschen Landen, dann sähen wir vermutlich folgendes:

- Hände, die Lenkräder fassen
- Hände, deren Finger auf einer Tastatur auf- und abgehen
- Hände an Telefonhörern, Spielautomaten, Maschinen

Jetzt stelle man sich typische Handbewegungen im 19. Jahrhundert vor, oder im Mittelalter, und wir würden sofort erkennen, um wieviel unsere Hände – bei allem sozialen Gewinn durch Modernisierungsschübe – an Spiel- und Bewegungsraum verloren haben.

Es ist aber erst diese Verlusterfahrung, die uns so aufmerksam auf die Hände gemacht hat. Können wir noch begreifen, wenn wir das Greifen in seiner ganzen Spielbreite zu verlernen scheinen? Das ist eine der Fragen, die Kükelhaus sein Leben lang beschäftigt hat. Können wir Städte, Häuser, Straßen planen, wenn uns der Sinn für das Greifbare abhanden gekommen ist?

2.

In Kükelhaus' Leben waren beide immer eins – das Geistige und das Praktische –, soweit das in diesem Jahrhundert überhaupt möglich ist. Die Hände dachten, was das Hirn tat. Er war kein Theoretiker und auch kein Macher.

Im Jahre 1900 wurde er in Essen geboren (bis zu seinem Tod 1984 kursierten die verschiedensten Geburtsdaten). Sein Vater versuchte, das Handwerk im Ruhrgebiet neu zu organisieren, und als Hugo Kükelhaus das Abitur abgelegt hatte, empfahl er ihm, erstmal eine Zimmermannslehre anzutreten, mit der er sich eine Lebensgrundlage schaffen könnte. Nach der Meisterprüfung Studium ohne Berufsziel: Mathematik, Logik, Medizin u.a. 1934 erschien sein erstes Buch *Urzahl und Gebärde* – ein Werk über die Energie und Symbolik der Zahlen und ihrer Bedeutung in Kunst, Anthropologie und Architektur. In den dreißiger Jahren gab er im offiziellen Auftrag eine Buchreihe zum Handwerk heraus; während des Krieges stand er mit dem Widerstand um Axel von dem Busche, Graf Schulenburg u.a. in Verbindung. Welche Rolle er genau im Widerstand spielte, ist bis heute nicht geklärt. Als Sanitäter kam er im Krieg an die Ostfront. Hier entstand ein Buch, das erst vor wenigen Jahren erschienen ist: *Du kannst an keiner Stelle mit eins beginnen.* Aus Gesprächen und Begegnungen mit Verwundeten und sterbenden Soldaten hat Kükelhaus eine Summe von Traumpartikeln, Visionen, Parabeln, Aphorismen zusammengestellt, die zum Bewegendsten seiner Publikationstätigkeit gehören. 1948 zog er nach Westfalen und wohnte seit den fünfziger Jahren in Soest, von wo er seine Tätigkeiten entfaltete als Künstler, Architekt, Berater, Gastprofessor, Autor und Handwerker. Hier entstanden seine wichtigsten Schriften: die Sinnestheologie *Das Wort des Johannes*, der Angriff auf das moderne Bauen in *Unmenschliche Architektur* und die Essaysammlung *Organismus und Technik*. In den 60er und 70er Jahren entwickelte er das sogenannte Versuchsfeld zur Organerfahrung (auch »Erfahrungsfeld«), durch das er gerade heute, fast ein Jahrzehnt nach seinem Tod, wieder präsent ist. Das Versuchsfeld ist ein Raum mit »Stationen« – ein Begriff, der durchaus an den Kreuzweg erinnern darf –, Felder und Geräte, an denen der Mensch durch Sinnestätigkeit seiner selbst gewahr werden kann. Hier gibt es schalltote Räume, an denen man die Wirkung des Schalls auf den ganzen Körper prüfen kann – durch Abwesenheit. Eine Wirkung fehlenden Schalles sind nämlich Gleichgewichtsstörungen. Als wohltuende Gegenerfahrung kann man sich dem Gong aussetzen und dessen in den Körper ausstrahlende Klangwellen nachspüren. Die verschiedensten Gongs besaß Kükelhaus; er hatte einige erhalten von einem Teilnehmer der Expeditionen Sven Hedins.

Wenn ein Sinn unter- oder überfordert ist, so ist immer der ganze Mensch betroffen. Wenn das Licht beispielsweise in Büros und Fabriken konstant hell und daher nicht augengerecht ist, stellen sich Schäden nicht nur an diesem Sinnesorgan ein, sondern auch an anderen Teilen des Körpers, zum Beispiel an der Niere. Diese Erkenntnisse haben sich im Zeichen der verschiedenen Therapien und Naturheilmethoden inzwischen herumgesprochen. Als Kükelhaus dies in den fünfziger Jahren aussprach, wurde er als Exzentriker oder als der Alchimist aus Soest belächelt. Das Auge also kann sich auf dem Erfahrungsfeld in seiner ganzkörperlichen Bedingtheit erkennen, an Spielen mit der Farbe im Sinne der Goetheschen Farbenlehre: Wie entsteht das Rot des Sonnenuntergangs, wie das Blau des Himmels? Und wie wirken sie auf mich? Oder Nase, dieses selten ernstgenommene Organ, das bei den Philosophen von Platon bis Kant verschrien ist und bei Nikolai Gogol und Patrick Süskind in die Revolte geht, Nase kann sich an einer Station mit Kräutern und anderen Substanzen in die komplexe und aufregende Welt der Gerüche hineindenken und sich dabei an den Zusammenhang von ›Nase‹ und ›Gnosis‹ erinnern, von Riechen und Erkennen.

Tastsinn erprobt sich beim Befühlen unbekannter Stoffe, wir entdecken seine Dimensionen. Eigentlich war der Tastsinn in der Neuzeit als Sinn des Materialismus aufgewertet worden: Das Wirkliche muß ich betasten können, sonst ist es nicht wirklich. Diese Devise des ungläubigen Thomas galt seit John Locke und den englischen Empiristen bis hin zu den Utilitaristen und Positivisten. Dadurch wurde dieser Sinn aber abgeschnitten von seinen Verbindungen mit den anderen Sinnen, von seinen synästhetischen Möglichkeiten. Kükelhaus läßt uns diesen wie die anderen Sinne in ihrer Vernetzung untereinander, aber auch in ihrer Bedeutungsdimension wiederentdecken. Wenn er einen riesigen Stein über uns pendeln läßt, so will er nicht nur Naturgesetze lehren, sondern auch das Furchterregende, die Befindlichkeit zum Bewußtsein bringen. Bewegungssinn läßt sich auch gemeinschaftlich erfahren, nämlich auf großen Balancierscheiben, die von ganzen Gruppen durch Selbststeuerung im Gleichgewicht gehalten werden. Die Doppelschaukel lehrt uns das Partnerhafte an der Pendelbewegung.

Im Grunde aber ist die Existenz eines solchen Erfahrungsfeldes ein schreckliches Symptom. All die genannten Erfahrungen sollten eigentlich nicht an Ersatzobjekten stattfinden, sondern an den Naturphänomenen selber. Der Mensch sollte von sich aus in der Lage sein, seine Sinne an

Wolken zu erproben und zum Genuß zu bringen, an Sonnenuntergängen, Vogelgesang, Wasserwirbeln eines Baches, Rauschen von Bäumen, an schaukelnden Ästen und wohl- oder weniger wohlriechenden Pilzen und Moosen. Schreckenerregend ist also, daß überhaupt solche Felder notwendig sind, in denen das Natürliche auf künstliche Weise nachgestellt ist. Aber dies zeigt auch, daß es für Kükelhaus nicht den einfachen Weg zurück zur Natur gab. In einer Zeit des immer rasanter werdenden Wirklichkeitsverlustes, des Verlustes von Natur am eigenen Körper und an der ›Umwelt‹ – ein Ausdruck, den Kükelhaus haßte, denn er setzt jene Spaltung von Mensch und Natur nur fort – müssen neue, schöpferische Wege gefunden werden, um zumindest ein Bewußtsein des Verlustes zu wecken. War es Rudolf Steiner, der in den zwanziger Jahren sagte: Am Ende des Jahrhunderts werden die Menschen weinen, wenn sie eine Kuh sehen? Ich habe einmal Kükelhaus gefragt, wie denn ein Baum reagiert, wenn neben ihm eine riesige Doppelspirale aus Metall installiert wird, ob denn der Baum allein nicht ausreiche? Nein, sagte er, denn die Natur wartet darauf, von den Menschen zum Bewußtsein gebracht, erkannt zu werden.

Das Erfahrungsfeld verhält sich zu Alltagserfahrung wie ein Gedicht zur Alltagssprache. Hugo Kükelhaus' Bruder, der im Krieg verstorbene Lyriker Hermann, dessen Gedichte *(Ein Narr, der Held)* gerade heute wieder oft von Eurhythmisten benutzt werden, schrieb einmal: Gedichte sind »Strudel im Strom der Sprache«. Genau das ist das Erfahrungsfeld – Strudel im Strom des Alltags, an dem man sich erfrischt und erneuert. Wer aus dem Erfahrungsfeld heraustritt, sieht Wolken, Wasserwirbel und Baumgeäst anders, riecht und schmeckt die Welt auf neue Weise. Das Beste, er oder sie bastele sich selber eine Doppelspirale aus dünnem Kupferblech. Wenn sie aufgehängt ist und sich dreht, z.B. unter Wärme, erfährt man immer wieder von neuem etwas von der Polarität aller Bewegung, dem dialektischen Ineinander und Gegeneinander der Kräfte, dem Auf und Ab der Zeiten. Besorge dir Kupferblech von 0,3 mm Stärke und 15 mm Breite. Schneide dir zwei Streifen von je 150 cm aus den Platten. Winde eine als Spirale um einen Holzstab von ca. 30 cm Länge, 2 cm Durchmesser, die andere um eine Planrolle (Kartonrohr) von gleicher Länge und 4 bis 5 cm Durchmesser. Ziehe beide Spiralen ab und klebe die kleine in die große so ein, daß sie eine fortlaufende Doppelspirale ergeben. An einem Faden aufhängen und sich drehen lassen.

Ich habe die kleine Anleitung gegeben, weil es darum geht: um das Tun im Hier und Jetzt. Nichts ist schwerer, als den Leuten (und mir) dies beizubringen. Wieviel schöner ist eine Utopie, wieviel besser ein unerreichbares Ideal. Da kann das Untier Mensch sich seine leibliche Vernunft, die sich nur hier und jetzt manifestiert, an der Garderobe der Weltanschauungen und Trostsysteme abgeben. Wir sind so konditioniert, daß wir geistige Verschiebungsmechanismen einschalten, auch Ideologien genannt, die uns von der unmittelbaren Verantwortung entheben, sobald es ums Tun geht. Wieviel Plattenbauten haben wir dem Aufschubdenken des DDR-Kommunismus zu verdanken? Wieviel kaputtmachende Schulen dem Ertragssteigerungs- und Profitdenken des Westens? Kükelhaus wußte ein Lied davon zu singen. Wenn er in seinen Vorträgen, die die Zuhörer wie ein Gewitter belebten, das Publikum aufforderte, doch mal ein Stück Papier zu falten, das er ihnen auch noch einzeln hingelegt hatte, dann konnte er das dreimal sagen, aber keiner tat es, höchstens ein Mann von achtzig Jahren (in diesem Fall der Pädagoge Andreas Flitner). Wenn er die Zuhörer bewußt zum Aufschreiben aufforderte, taten es die wenigsten. »Kein Aas schreibt mit!« rief er.

Sein Verhältnis zum »Wissen« ist ein gespaltenes. Besser gesagt: Unser Verhältnis zum Wissen würde ihm als ein gespaltenes erscheinen. Denn Wissen hat heutzutage jeden praktischen Halt verloren. Rapide verschwinden die verschiedenen Formen des Alltagswissens, von alten Handwerkstechniken ganz zu schweigen. Nur notdürftig können die Knoff-Hoff-Show oder Ratgeberseiten im Wochenendmagazin das flicken. Unser Wissen ist ein immer abstrakteres, mit dem wir die immer abstrakter werdenden Vorgänge unserer Welt zu begreifen suchen. Wir wissen immer mehr über immer weniger, wie jemand einmal festgestellt hat. Dabei verlieren wir gleichzeitig immer mehr Vertrauen auf das Wissen, das uns die Wissenschaften liefern. Es hat zum einen wenig mit unserem Alltag zu tun, zumindest auf den ersten Blick, und zum andern sind wir daran gewöhnt, daß die Halbwertzeiten, die Zerfallzeiten des wissenschaftlichen Wissens immer kürzer werden. War letzte Woche noch Butter der Cholesterinteufel Nummer eins und Margarine das patente Gegenmittel, so ist es nächste Woche plötzlich umgekehrt. Oft raten uns zudem die Wissenschaften Dinge, die gegen den Instinkt gehen. Kükelhaus würde diese Formen des Wissens als halbiertes Wissen bezeichnen, dem jede Verankerung in den Sinnen abhanden gekommen ist. Praktisches Wissen aber läßt sich nur in einer halbwegs intakten Gemeinschaft mitteilen, nicht oder kaum über elektronische oder andere Medien. Daher rührt Kükelhaus' Abneigung gegen Bücherwissen, gegen Erkenntnis, die in Archiven und Festplatten gespeichert ist, die schon durch die Art der Speicherung zum Ausdruck gibt, daß sie mit meinem Körper nichts zu tun haben will. Was nicht heißt, daß er nicht auch ein großer Leser war. Aber wenn er sprach, war das Wissen anverwandelt, Teil eines praktischen Ganzen geworden. Worauf es vielleicht ankommt, ist, vielfältige Formen des Wissens zu bewahren oder aufzubauen, so daß der Monopolisierung durch das funktionale, computerisierbare Wissen ein Gegenpol erhalten bleibt. Praktisches Wissen, poetisches, künstlerisches Wissen, vor allem aber auch absichtsloses Wissen; denn es ist diese Absichtslosigkeit, das Spielerische, aus dem das Neue entsteht. Ein italienischer Essayist und Maler, Alberto Savinio, hat das einmal so ausgedrückt: »Denken bedeutet nicht wissen, und die Gedanken, die ich am meisten liebe, sind an kein Wissen gebunden: freie, absichtslose Gedanken ohne ›Hintersinn‹.«

3.

Im Jahre 1934 entwickelte Kükelhaus, zunächst für seinen Sohn, ein Spielzeug für Säuglinge, den sogenannten Greifling: Fische, Ringe, Kugeln aus Holz, die es noch heute im Handel gibt. Kindern galt sein besonderes Interesse, denn sie sind unabgeschlossene Wesen, in denen sich die vorgeburtliche Entwicklungsdynamik fortsetzt, bis etwa zum 11. oder 12. Lebensjahr. Hier kann der Organismus noch in seiner Eigengesetzlichkeit gefördert werden, indem ihm eine nachgeburtliche Umwelt geschaffen wird, in der er sein volles Potential entfalten kann. Das heiße nun nicht, daß die ideale kindliche Umwelt auch eine embryonale Umwelt wäre: denn diese hat das Kind ja aufgrund seiner Entwicklung bereits hinter sich gelassen. Was wäre dann aber kindgerechte Umwelt? Das große Problem, das uns immer mehr zu schaffen macht, ist das Auseinanderfallen von Reizwelt und Bewegung, von sensorischer, durch die Sinne vermittelter Information und motorischer Umsetzung. Der Biologe Viktor von Weizsäcker hat das Konzept der »Einheit von Wahrnehmen und Bewegen« entwickelt: Wenn Kinder – im geringeren Maße Erwachsene – wahrnehmen, Informationen aufnehmen, so werden dabei ständig Impulse in das Bewegungssystem abgegeben; das Kind umfaßt die Dinge im Sehen, es tastet und läuft im Prozeß der Wahrnehmung. Das Sehen selbst bedeutet ununterbrochene winzige Bewegungen im Auge. Die Sinne tasten die Welt fortwährend ab. Sensorik und Motorik scheinen sich evolutionär beim Menschen zu einem bestimmten Verhältnis entwickelt zu haben (bei Fledermäusen sieht es sicherlich anders aus). Deshalb war der Einbruch der Maschinentechnik mit ihrer völlig anderen, vom Körper abgekoppelten Zeitstruktur solch ein Schock. Nicht zufällig befürchteten Ärzte im 19. Jahrhundert, daß man vom Eisenbahnfahren wahnsinnig werden könnte. Diese Abkoppelung von Organismus und Umwelt, die sich auch im Taylorismus zeigt, ist inzwischen soweit fortgeschritten, daß massive Verhaltensstörungen unausweichlich sind. Die Eisenbahn war nur ein Vorspiel: sie beläßt die Landschaft noch im Zusammenhang, erlaubt gar das Gespräch. Schon die U-Bahn zerreißt mehr von der Wirklichkeit, das Fernsehen rollt sie von der anderen Seite her auf. Um es einfach zu sagen: Die Menschen sind nicht mehr in ihren Körpern. Kükelhaus hat immer darauf gedrängt, die Verleiblichung in der Kindheit zu fördern durch geeignete, motorisch-sensorisch sinnvolle Umwelten (»sinnvoll« im doppelten Sinn), in denen Reize ausgelebt werden können. In *Du kannst an keiner Stelle mit eins beginnen* notiert Kükelhaus eine Erinnerung:

> Als Junge habe ich Brötchen ausgetragen.
> Aber wie!
> Auf einem Fahrrad den großen Korb mit den Brötchen auf dem Kopf balanciert.
> Und freihändig gefahren, mitten durch den Verkehr.
> Das war ein Spaß!
> Nie wieder hab ich es so schön gehabt.
> Auch nicht als Bäckermeister.

Ein Leben ohne Schaukeln, so lautet eine seiner Devisen, ist ein Mißverständnis. Die Einsicht erwuchs ihm aus einer Begegnung der anderen Art mit einer Behörde, die Schaukeln auf einem Spielplatz aus Sicherheitsgründen verbieten wollte. Ähnlich bedeutend will mir das Karussell erscheinen, dem der oben erwähnte Alberto Savinio einige philosophische Seiten gewidmet hat. Er beschreibt den Gedanken des Vorsokratikers Anaxagoras, der das Universum als rotierende Bewegung sah, die sich in immer weiteren Kreisen fortpflanzt und die nie enden wird. Dann fragt Savinio:

»Was ist der Unterschied zwischen der Darstellung der Bewegung des Universums, die der Philosoph aus Klazomenä gibt, und dem Karussell?... Das Universum des Anaxagoras und das Karussell verhalten sich zueinander wie Modell und Kopie; denn täusche dich nicht, Mensch, das Karussell ist kein bloßes Spiel, es ist nichts anderes als ein kleines Abbild des Universums in seiner unendlichen und ewigen Rotation... Was für eine Miene würde unser Freund machen, der eine Fahrt bezahlt hat und eben auf ein rosa Schweinchen oder eine smaragdgrün geschwänzte Nixe oder auf ein feuerrotes Pferd steigen ... will, wenn wir ihm erklären, daß er das Karussell besteigt, um im voraus seine kosmische Sehnsucht zu stillen...«

Das alles läßt sich schön auf die Doppelschaukeln von Hugo Kükelhaus anwenden.

Das Große im Kleinen sehen, das Kleine im Großen, das ist eine Einstellung, die sich unter anderem auch im chinesischen Taoismus findet: »Das ganze Universum ist notwendig, um diesen unscheinbaren Grashalm hervorzubringen«, lautet eine Erkenntnis. Kükelhaus verwies auf die Gegenseitigkeit des Anschauenden und des Angeschauten, etwa im Sinne Goethes: »Wär nicht das Auge sonnenhaft, die Sonne könnt es nicht erblicken.« Wenn ich ein Fachwerkhaus sehe, dann durchlebe ich beim Anblick der Schräg- und Horizontalbalken die Anatomie des menschlichen Körpers, meine eigenen Baugesetze sehe ich in der Außenwelt manifestiert, so wie das Kind seine eigene Baugesetzlichkeit, die Schichtung der Wirbelsäule, den aufrechten Gang beim Aufstapeln von Bauklötzen durchlebt.

Wo aber Außenwelt das Selbst zur Resonanz bringt, wo Außenwelt zum Selbst in Resonanz schwingt, da entsteht Sinn (der übrigens nicht »gemacht« wird, wie es heute so schön heißt; machen kann man höchstens Unsinn).

4.
Solcher Betätigung dienen die »Greiflinge« von Hugo Kükelhaus. Ich weiß nicht, ob er sich der Herkunft dieses Namens bewußt war, als er ihn für sein Spielzeug wählte. Die Kinderheilkunde des 19. Jahrhunderts prägte den Begriff »Greifling« für die frühkindliche Phase, die nach der Säuglingsphase eintritt: Die Laufbahn führte vom Säugling zum Greifling. Wenn in dieser Phase nicht genügend gegriffen wird, dann kommt es später zu Greifproblemen, so eventuell zur Greifsucht oder Kleptomanie. Jedenfalls scheint dieses Defizit eine Komponente der Sucht zu sein. Kleptomanen leiden unter der »Magie ihrer Hände«, die sich verselbständigen; sie sind geradezu im »magischen Alter des Greiflings« stehengeblieben. Wenn wir uns unsere Zivilisation mit ihrer immensen Konsumsucht und ihrem Rohstoffverbrauch ansehen, dann müssen wir sagen, daß diese ganze Zivilisation kleptomanisch angelegt ist – im »magischen Alter des Greiflings« steckengeblieben. Doch auch eine schöpferische Komponente steckt in diesem Alter, insofern das Schöpferische immer auch ein besonderes Zusammenspiel von Sensorik und Motorik voraussetzt. Die Hände in der bildenden Kunst, beim Musizieren und auch beim Schreiben setzen Wahrnehmungen und Emotionen in »Handlungen« um – sie erschaffen und ahmen nach im Tun. Es gibt Pianisten, die sich über das Werk ihrer Finger wundern, so als würden sie von Mozart oder List benutzt. Das Schöpferische ist eine positive Umkodierung der Sucht (die Sucht eine negative Umkodierung des Schöpferischen) – eine Verlängerung des Greiflingdaseins in das Erwachsenenleben, bei der die Hände den ganzen Men-

schen realisieren und nicht nur eine Spezialisierung darstellen. Hand wird Mensch, Mensch wird Hand.

Ich hatte Kükelhaus' Hände beschrieben. Nur ein Mensch mit stark ausgeprägter Hand-Sinnlichkeit, nur ein alter Greifling sozusagen ist sich dessen bewußt, wieviel Greifbarkeit in den letzten 150 Jahren verlorengegangen ist. Die Hände haben ein Gedächtnis. Was heute noch zu greifen ist, findet sich allenfalls auf den Ramschtischen der Kaufhäuser. Der Organismus als ganzer hat nichts mehr zu greifen, sondern Umweltbeziehungen werden zunehmend über Maschinen, Elektronik und Institutionen abgewickelt. Auf der einen Seite können wir die Reizflut nicht mehr motorisch bewältigen; auf der anderen Seite können die Sinne nicht mehr tätig werden, da es immer mehr an greif-, fühl-, und riechbarer Umwelt fehlt. Eine allgemeine Atomisierung greift um sich, da Zusammenhänge zwischen Organismus und Umwelt abgeschnitten werden. Kükelhaus hat dieses Phänomen oft mit einem Experiment aus der Raumfahrtforschung dokumentiert. In den 60er Jahren gab es einen Astronautentest bei der NASA:

»Danach setzt man einen Menschen einem biologischen Vakuum aus. Einer Isolierung, welche infolge Ausschaltung aller Widerstandsmedien keine körperlichen Reizempfindungen mehr aufkommen läßt. Drosselung des Gleichgewichts- und Muskel-Sinnes sowie der Temperatur-Empfindung durch Schweben in Wasser von Blutwärme. Künstliche Beatmung, absolute Lichtlosigkeit, Lautlosigkeit, Reizlosigkeit der Haut. Nach wenigen Minuten schon nötigen Wahnvorstellungen, panische Angst, Krämpfe und Zerrüttung der Drüsenfunktionen zum sofortigen Abbruch des Versuchs. Andernfalls wären dauernde Schäden oder Tod durch innere Vergiftung die Folge.«

Daraus ist der Schluß zu ziehen: Lebensprozesse entstehen aus der Auseinandersetzung mit Gegen- und Widerständen. Es handelt sich nicht um akkumulierend fortschreitende Summen oder Mengen, sondern um ein ständiges Pendeln und Austarieren, um ein widerständiges Auf und Ab. Das gilt für die Variationen bei Lichteinstrahlung, der immer auch ein Dunkel zugeordnet sein muß. Man strahle eine weiße Kugel aus Styropor mit vier Lichtquellen an, schalte dann erst eine, dann zwei, dann drei ab und man wird feststellen, daß die Kugel immer plastischer wird, immer greifbarer. Das Greifen der Hände wie der Augen braucht Widerstände, ein Spannungsgefälle. Ähnliches läßt sich bei der Beleuchtung eines Gesichts feststellen, das seinen Charakter, seine Wirklichkeit und Plastizität erst durch Beimischung von Dunkelheit erhält. Ausgestrahlt ist es geradezu seelenlos. Die Überbelichtung unserer Zivilisation ist eine falsche Form der Aufklärung, in der das Licht ja eine große Rolle spielt. Denn diese quantitative Form der Aufklärung vernichtet das Phänomen und damit in der Folge den wahrnehmenden Organismus. In seinem Essay »Die Phantasie des Leibes« schreibt Kükelhaus:

»Mit diesem einfachen Experiment sind wir bereits dem Grundprinzip des Erkennens... auf die Spur gekommen, daß nämlich zum Erkennen ein Akt des Produzierens gehört. Wenn man die Kugel vollständig ausleuchtet, hat das Auge keine Möglichkeit mehr, die Kugel zu produzieren. Sie ist schon gegeben, und eben dadurch verliert sie ihre Erscheinungswirklichkeit. Mit anderen Worten: Erscheinung ist nur möglich im Bereich des Ungewissen. Nimmt man einer Erscheinung die Ungewißheiten, die Unentscheidbarkeiten, so ist die Erscheinung als solche wie auch der Erkenntnisprozeß unterbunden. Zum Erkennen gehört also ein Wagnis, ein Vorwärtsgehen in einem Feld von Unsicherheit.«

Eine Schlußfolgerung daraus lautet: Bauen wir so, daß das natürliche Gefälle von Licht und Dunkel, von Warm und Kalt möglich wird. Oder wie ein Kybernetiker, Heinz von Foerster, es formulierte: »Handle stets so, daß weitere Möglichkeiten entstehen.« Variation, Kontrast, Widerstand, Polarität sind aber auch Methoden, die jeder Pädagoge üben sollte, um Aufmerksamkeit zu erreichen. Das allzugroße Harmoniebedürfnis so mancher Weltanschauung wirkte auf Kükelhaus abstoßend. Ein Element des Kontrastes war bei Kükelhaus der Humor – ich sagte, daß seine Hände lachen konnten. Wenn eine Stimmung falscher Heiligkeit aufkam, die in Wirklichkeit nur eine Art kollektiven Narzißmus manifestierte, dann verstand er es, diese Stimmung mit einem Witz oder einer scharfen Sentenz zur Explosion zu bringen. Dann lieber einen flachen und ehrlichen Materialismus als tiefsinniger Esoterik-Schwulst. Wenn er Scheinheiligkeit mit Hohlheit gepaart sah, ging er zur Sache und scheute harte Worte nicht: »Alles Scheiße! Verzeihen Sie, daß ich ein so weiches Wort für eine so harte Sache gebrauche!« Nicht umsonst gehörte Karl Kraus zu Kükelhaus' Lieblingsautoren.

5.

Kükelhaus ging es darum, eine greifbare und begreifbare Welt zu schaffen, Inseln der Wahrnehmung und sinnlichen Vielfalt, in unserer sich immer schärfer polarisierenden Welt, in der das Körperliche und das Geistig-Seelische immer weniger aufeinander bezogen erscheinen. Daher die zahlreichen Therapien, die den Zusammenhang wiederherstellen wollen. Zwischen Makrokosmos und Mikrokosmos der Naturwissenschaften entgleiten uns die auf unser Sinnesleben bezogenen Welten des Mediokosmos, jener mittleren, bewohnbaren Welt, die wir bald nur noch vom Hörensagen kennen werden. Um diese Welt ging es Kükelhaus wie Goethe. Denn eins ist klar: Wenn wir diese Welt entgleiten lassen und uns dem Nicht-Begreiflichen überlassen, werden wir uns einem Sturm von Ideologien, Sekten und Formen des politischen und religiösen Wahns ausgesetzt sehen. Die extreme Zunahme von Gewalt in den Schulen und Kindergärten ist ein Zeichen dessen, daß wir einer Welt der Stimulation und Simulation verfallen. Die Gewalt scheint mir ein Schrei nach Körperlichkeit zu sein. Aber in diesem Vakuum entsteht eine extreme Körperlichkeit, die ihren Zusammenhang mit Gefühl, Moral, Mitleid verloren hat, die den Anschluß an Geist und Seele verloren hat, gleichsam nur noch stimulierter Körper ist. Und es entsteht eine extreme Mentalisierung alles Wirklichen, eine Simulation, Nachäffung von Wirklichem durch Medien, Computerspiele usw. Der Körper rotiert, findet sich nicht mehr zurecht. Der weltweite Fundamentalismus und die Gewalt ist möglicherweise das Resultat eines extremen Materialismus. Ein Materialismus, der die Materie im Grunde nicht liebt und das Körperliche ablehnt. Denn diese Einstellung hinterläßt eine Sinn- und Sinnesleere, die nach Sicherheiten rufen läßt, seien sie im fixierten Wort zu finden, das nur noch als wörtliches gilt, sei es im Schlagen und Treten der gewalttätigen Trupps, die sich in unseren Städten breitmachen. Eine besonders heimtückische und erfolgreiche Art der Mentalisierung von Handlungen ist die Ideologie. Auch der Körper kann zur Ideologie werden, wenn an ihm eindeutige Botschaften für das soziale Leben abgelesen werden und dieses Ablesen zum autoritären Dogma wird. Kükelhaus' Wissen vom Körper entstammt einer leiblichen Erfahrung, einer von innen her erfahrenen Leiblichkeit, nicht oder nur zum Teil dem wissenschaftlichen Wissen ›über‹ den Körper. Wer diese Selbsterfahrbarkeit ernst nimmt, müßte gegen Ideologie gefeit sein, die ja der Erfahrung ein außengelenktes Wissen überstülpt.

Kükelhaus dagegen versucht, uns in den körperlichen Augenblick zu versetzen, in ein Hier und Jetzt, in dem wir ideologiefern sind und den Untergrund alles Körperlichen erhorchen. Das Greifen als Umspielen, als ganzkörperliches Erfahren von Gegenständen weicht dem brutalen Zugriff. Nicht zufällig sind die Embleme des Totalitarismus in diesem Jahrhundert zwei Formen der Hand: die geballte

Faust für den Kommunismus, die zur Messerklinge gestreckte Hand des Faschismus. Diese Hände suchen nach der totalen Zurichtung und Verfügung über die Welt. Bei Kükelhaus lernen wir, daß es ohne das Aufgeben von Sicherheiten keine Prozesse geben kann. Dazu eine Aufzeichnung aus *Du kannst an keiner Stelle mit eins beginnen:*

> Als Kind habe ich immer gedacht, die Füße des Regenbogens stehen irgendwo auf der Erde.
> Da möchte ich hin.
> Heute weiß ich ich: Nichts hat einen Fleck, nichts eine feste Stelle.
> Aber alles ist ein Fleck und eine Stelle... für einen Regenbogen.

Das weiß die Hand. Auch das Auge, das Gegenstände, sagen wir einen Stern, fixiert, verliert ihn sogleich. Wer sagt, die Wahrheit (Gott) ›gibt‹ es, hat sie damit schon vernichtet. Nur wenn ich mich ständig fallen lasse, kann ich gehen. Denn Gehen ist nach Kükelhaus ein aufgefangenes Fallen. Oder anders ausgedrückt: »Der Habicht sieht die Maus nur deshalb, weil sie wegläuft.«

Wo ist die Hand in ihrer spielerischen, schöpferischen Vielfalt, die den Greifling charakterisiert? Die Hand, die Prozesse auslöst, und nicht wie die Ideologie Prozesse unterbindet? Es geht darum, in unseren Körper zurückzufinden. Angesichts des entleibten Denkens, das dabei ist, dem Planeten den Gnadenstoß zu geben, bleibt uns nichts anderes übrig, als wieder ganz klein anzufangen, ganz unten, unsicher wie dieses Kind, über das Kükelhaus folgendes erzählt:

> Ich habe mal etwas gesehen, wenn du das richtig verstehst, bist du ein weiser Mann.
> Ein kleines Kind, das noch unsicher auf den Beinen ist, will durch ein Zimmer.

Mitten im Zimmer bleibt es stehen, kriegt Angst. Nirgendwo ist Halt. Es greift in die Luft. Hat Angst vor dem Hinfallen; Angst vor dem Stehenbleiben. Angst vor dem Weiterlaufen. Sein Mund steht offen zum Schreien. Aber es kriegt keinen Ton heraus.
Da, plötzlich, finden seine Hände doch etwas Festes! Seine Ohren. Es hält sich daran ... und geht weiter.

Kükelhaus zeigt Methoden der Leibwerdung, indem er fragt: »Wie kann ich es ermöglichen, daß Geschehen sich ereignet? ... Die Frage: Was können wir tun? stellt sich als die ganz andere: Was kann ich tun, damit ein Wir möglich wird?« Es geht nicht um große Schritte oder revolutionäre Veränderungen, sondern um etwas ganz Kleines, eine ganz kleine Veränderung, in dem was wir tun, oder besser wie wir etwas tun und wahrnehmen. Paul Watzlawick hat dies einmal so beschrieben:

> Der Fehler, den ich sowohl als Therapeut wie auch als Berater von Großfirmen am häufigsten sehe, ist die Annahme, daß ein großes komplexes Problem nur durch ebenso große komplexe Lösungsstrategien angegangen werden kann. Allein schon die Entwicklungsgeschichte des Lebens auf unserem Erdball lehrt uns ein Besseres, denn die unerhörte Komplexität des Lebens entstand aus einfachsten Ausgangsbedingungen und in kleinsten Schritten. Wie wir wissen, waren alle großen Wandlungen in der Evolution katastrophisch. Das Kleine ist möglicherweise bedeutender als das Große. Das ist für viele Weltbeglücker natürlich eine überaus schäbige Idee, mit der man die Massen nicht begeistern kann.

Ein Weltbeglücker wollte Kükelhaus wahrlich nicht sein. Aber er hat uns gezeigt, wie glücklos unsere Welt geworden ist und wie einfach der nächste Schritt ist: jetzt.

Wahrheit des Scheins

John Cowper Powys und Goethe

> Der Unwissende meidet die Erscheinungen, aber nicht den Gedanken; der Weise entflieht dem Gedanken, nicht aber den Erscheinungen.
> *Huang Po*

1

Goethe in England? Im 19. Jahrhundert war die Kenntnis seines Werkes noch eine Selbstverständlichkeit unter den Gebildeten, insbesondere dank Carlyles unermüdlicher Vermittlungstätigkeit. Immer wieder bezogen sich Autoren wie George Eliot, Matthew Arnold oder Walter Pater auf Goethe. Nicht zuletzt aufgrund der oft moralbetonten Rezeption dieser Zeit hatte er es im 20. Jahrhundert jedoch schwerer; zwei Kriege sollten die Barrieren des Verständnisses noch erhöhen. Gab es nach dem 1. Weltkrieg ein Interesse an deutscher Kultur unter Schriftstellern wie Auden, Spender, T.S. Eliot und Isherwood, so brachte der nächste Krieg einen Umschwung: Das Interesse britisch-amerikanischer Intellektueller verlagerte sich fast ausschließlich auf die französische Kultur (Surrealismus, Existentialismus, nouveau roman). So erlebte erst im Frühjahr 1988 Goethes *Faust II* seine Premiere in einem englischen Theater, mit einiger Resonanz sogar. Im allgemeinen gilt jedoch weiterhin Audens Einschätzung: »...in den meisten Engländern und Amerikanern ruft er gemischte Gefühle hervor. Mal hält man ihn für einen pompösen alten Langweiler, mal für einen unaufrichtigen alten Heuchler, oder wie Byron sagte, ›ein alter Fuchs, der seinen Bau nicht verlassen will und von drinnen eine schöne Predigt hält.‹«

2

Im Jahre 1872 wurde jedoch in Mittelengland ein Schriftsteller geboren, der wie kein zweiter Goethe verehrte, über ihn redete und schrieb und sich dabei geradezu in ihn hineinsteigerte; der in ihm ein Vorbild sah, ein Parallelphänomen, und von sich glaubte, er sei »eine Art in Derbyshire geborener Goethe« . In einer frühen Lebensphase, so berichtet John Cowper Powys[1] in seiner großartigen Autobiographie, habe er Goethes *Italienische Reise* mit sich herumgetragen, und wenn er in sein Notizbuch Verse schrieb, dann fühlte er sich wie »John Powys visiting the Fountains of Rome«. Powys' Enthusiasmus ist durchaus ungewöhnlich – aber so ist auch seine Stellung in der englischen Literatur; zeitweise wurde er in den USA und England viel gelesen, Jahrzehnte aber lebte er oft am Rande des Existenzminimums. Er schrieb nicht nach äußeren Konjunkturen, sondern folgte wortreich und mit verschwenderischer Hingabe den ausufernden Bewegungen der eigenen Phantasie. In den USA hielt er viele Jahre Vorträge an kleinen Universitäten und Bildungsinstituten und brachte Hausfrauen, Arbeitern und Bankangestellten Homer und Goethe, Dostojewski und Proust nahe. Die großen Universitäten ließen ihn links liegen, und die einzige öffentliche Ehrung, die er erhielt (neben der Ernennung zum walisischen Barden), kam aus dem Ausland – es war die Bronzeplakette der Freien Akademie der Künste in Hamburg, die ihm Hans Henny Jahnn 1958 zudachte. Während ihn Institutionen und literarische Gruppen übersahen, fand er doch immer wieder begeisterte Leser, vor allem unter Künstlern und Schriftstellern: Theodore Dreiser, Henry Miller, Simone de Beauvoir, Elias Canetti, Hermann Hesse, Max Brod.

Hatte Powys auch Sympathie mit der deutschen Literatur, so doch kaum mit deutscher Politik; in beiden Kriegen schrieb er antideutsche Bücher. Dabei wußte er aber zu trennen zwischen Kultur und Politik. In seinem Kriegspamphlet *The War and Culture* (1914), das sich für einen amerikanischen Kriegseinsatz gegen Deutschland ausspricht, sieht er Goethe, das klassische Weimar und Schopenhauer als das andere und bessere Deutschland, das sich im Preußentum Bismarcks und Wilhelms II. nicht verwirklichen konnte. Das andere Deutschland war kosmopolitisch und nicht national beschränkt, es war anti-mechanistisch und humanistisch; daß es nicht lange leben würde, ahnte Goethe selbst gegen Ende seines Lebens, als er in den *Wanderjahren* die Ankunft des Maschinenwesens in düsteren Tönen malte.

Powys wurde während seines Geschichtsstudiums in Cambridge auf Goethe gestoßen. Sein Lehrer, der spätere Präsident der englischen Goethe-Gesellschaft, G.P. Gooch, hatte ein Bild Goethes in seinem Zimmer hängen, und Powys glaubte, er gehöre zu jener merkwürdigen pädagogisch-freimaurerischen Gemeinschaft des Wilhelm Meister. Eins der ersten Bücher, die er daraufhin las, waren »those wonderful Conversations with Eckermann«. In der Folge las er in englischer Übersetzung, denn Deutsch lernte er nie, *Werther, Faust I* und *II, Wilhelm Meister, Die Wahlverwandtschaften, Dichtung und Wahrheit* und die *Italienische Reise.* Auf einer Vortragsreise besuchte er kurz nach der Jahrhundertwende Weimar. Das eine Ziel war Nietzsches berüchtigte Schwester Elisabeth Förster-Nietzsche, die den englischen Nietzsche-Verehrer zum Tee einlud. Powys bewies prophetisches Gespür, als er 1916 schrieb: »Nietzsches Schriften sind besonders stark dem Mißverständnis ausgesetzt, sobald sie in die Hände der Spießer gelangen.« Das andere Ziel war das Goethe-Milieu: »Nie, so glaube ich, hat Goethe solch eine Verehrung von einem introvertierten Kelten erfahren, wie ich sie ihm damals entgegenbrachte.«

In seiner Empfehlungsliste *100 Best Books* ist Goethe der erste der fünf deutschen Autoren (neben Nietzsche, Heine,

Sudermann, Hauptmann); Powys rät zur Lektüre von *Faust, Wilhelm Meister* und Eckermanns *Gesprächen.* In diesen Werken sieht er Goethe dreifach und wohl parallel zu den eigenen Ausrichtungen: als Denker mit erstaunlichen Einsichten, als Lehrer von Lebenskunst und als Dichter der abgründigen Dimensionen. 1915 erschien die erste Sammlung von Aufsätzen zur Weltliteratur unter dem Titel *Visions and Revisions.* Goethe widmet er darin einen eigenen Essay, in dem er sich an die frühe Lektüre von *Werther* erinnert – 18jährig, in einem Schleppkahn, gezogen von Pferden, in Somerset. Das Hauptwerk Goethes ist und bleibt ihm aber *Faust*:

> Ich persönlich zögere nicht zu behaupten, daß *Faust* das immerwährend interessanteste aller Werke ist, die je aus dem menschlichen Gehirn hervorgegangen sind... Wenn ich einen Menschen treffe, der mir sagen würde, seine Lebensphilosophie sei die Philosophie von *Faust,* verneige ich mich demütig vor ihm. Einmal traf ich einen solchen Menschen. Ich glaube, es war ein Handelsreisender aus Buffalo.

Eine »unermeßliche mythologische Kathedrale« nennt er *Faust* in dem zwanzig Jahre später erschienenen umfangreichen Essay über Goethe. Gleich zu Anfang bekennt er dort über Goethe: »Ich kann sicherlich sagen, daß kein Schriftsteller, Denker, Lehrer mich mein Leben lang mehr beeinflußt hat.« Wieder behandelt er die Hauptwerke – wie in seinen Vorträgen angetrieben von unmäßiger und unakademischer Begeisterung – aber er skizziert dabei auch treffend die Einstellungen Goethes zu Leben, Religion und Wissenschaft. Als grundlegende Orientierung erscheint ihm das weibliche Prinzip bei Goethe – und wie kaum ein zweiter Autor im 20. Jahrhundert hat Powys über die Weiblichkeit nachgedacht. Insbesondere der ›denkende‹ Goethe kommt in diesem Essay zur Geltung, der Lebensphilosoph. Seine Methode und Lebenskunst machen ihn zur Ausnahmeerscheinung, »als wäre er ein Wechselbalg von einem anderen Planeten«. Wie Leonardo da Vinci neige er zum geheimnisvollen Wort: »Schade, daß es nicht ein ganzes Dutzend devoter Eckermänner gegeben hat, die das Beiläufigste aus seinem Munde notiert hätten; denn kein menschliches Wesen hat so viele tiefe Orakel von sich gegeben.« Immer wieder taucht Goethe als Gewährsmann eigener Ansichten auf, wie Powys sie in seinen essayistisch-philosophischen Werken formulierte, wie sie sich aber auch in den Romanen finden. So spielt der Mystiker Sylvanus Cobbold in *Weymouth Sands* (1934) mit seinen Meditationen über die Weiblichkeit auf Goethes ›Ewig-Weiblichen‹ an; der Erzähler in dem Anti-Vivisektion-Roman *Morwyn* (1937) findet seine Art der geistigen Liebe zu Morwyn vorgebildet im *Faust*; und man hat behauptet, das Ende des monumentalen Romans *A Glastonbury Romance*, der in einer Flut endet, sei dem Ende von *Faust II* nachempfunden in seiner Betonung des Neptunischen für die Evolution der Menschheit.

Es gibt zwei Goethe-Zitate, die Powys ein Leben lang begleiteten und vor allem brieflich und mündlich immer wieder auftauchen. Noch 1958, fünf Jahre vor seinem Tod, im Alter von 86, ruft er Rolf Italiaander zu, der von Hans Henny Jahnn nach Nordwales geschickt worden war zur Verleihung der Hamburger Bronzeplakette:

> ›Alles Vergängliche ist nur ein Gleichnis‹ und ›Im Ganzen, Guten, Schönen‹ resolut zu leben ... Nur darauf käme es an, rief er aus und sagte immer wieder wie magische Formeln ›in the whole‹ und ›resolut‹.

3

Soweit eine – keineswegs vollständige – Aufzählung äußerer Anhaltspunkte von Powys' Annäherungen an Goethe. Immerhin bilden sie eine Konstellation ab von Gemeinsamkeiten – erwünschten, projizierten und tatsächlichen. Die Anverwandlung Goethes verrät zugleich etwas über Powys' eigene Einstellung zu Leben und Kunst. Mag sie sich zunächst als idiosynkratisch, äußerst eigenwillig und sperrig darstellen, so zeigt doch gerade ihre Fähigkeit, sich mit einigen Lebenskonzepten Goethes zu verbinden, daß sie letztlich auch Reaktion ist auf die neuzeitliche Entwicklung des Menschenbildes und des Naturbegriffs.

In Goethe sah Powys jene Verwirklichung im Ganzen, der das Bürgertum seit der Renaissance so schmerzlich nachtrauerte. Unbeeindruckt durch das gesellschaftliche Diktat entwickelt sich hier ein Mensch sinnlich, künstlerisch und intellektuell nach allen Richtungen hin und bleibt damit eine Herausforderung im Zeitalter einer hypertrophen Spezialisierung. Powys entlarvte das Ethos einer Spezialistenkultur als Reflex auf die wachsende Fragmentarisierung des modernen Daseins in seiner philosophischen Attacke *In Spite of – A Philosophy for Everyman* (1953): Das erste Kapitel heißt »In Spite of Experts«. Der Experte bezieht seinen Stolz aus der Enge seines Horizonts; mit seinem Wissen, das den Zusammenhang meidet, kolonialisiert er nach Powys den Alltag der Menschen und beraubt sie ihrer Selbstverfügung. Powys setzt dagegen auf eine Demokratisierung und Entprofessionalisierung zumindest in der Philosophie: »...we who are, by right of Nature herself, unspecialising philosophers.« Und dem philosophischen Laien, der keine Themen mehr findet und fragt, was denn noch übrig sei, nachdem die Professoren alles unter sich verteilt hätten, gibt er den Bescheid: »Alles ist übriggeblieben. Leben, Natur, Ich, Du, Stadt und Land, Arbeit – alles steht der meditativen Durchdringung offen. Der Grund für diese Möglichkeit ist die Rückführung des Denkens auf das Subjekt selbst. Philosophie ist demnach nicht das intellektuelle Postamt im Département Gehirn, beschränkt auf Logik und Analyse, sondern ein Geschäft des ganzen Menschen: seines Körpers, seiner Sinne, Nerven, Gefühle und Phantasien. Dieses Denken will erfahren werden am eigenen Leib, will im Leben verwurzelt sein – nicht als delegierbare Tätigkeit, die andere für mich im Sinne der Arbeitsteilung erledigen könnten. Denken und Sein müssen, wie bei Parmenides, als eins gedacht werden. Powys fordert, mit Adorno zu sprechen, die »Besinnung auf all das, was der Arbeitsteilung zum Opfer gefallen ist«.

Sein Goethe-Kult richtet sich daher auf einen Menschen, der wie nur wenige in der Neuzeit diese Ungeteiltheit des Geistes (bei aller emotionalen Zerrissenheit) verkörpert. Für Powys steht er in der Reihe jener Dichter-Philosophen, die in ihren Äußerungen meist unsystematisch diese Ungeteiltheit zu artikulieren suchten und dabei auch die spezialistische Sprache der Berufsphilosophie vermieden. In *A Philosophy of Solitde* (1933) nennt er einige von ihnen: Lao Tse, Chuang Tse, Heraklit, Epiktet, Mark Aurel, Rousseau und Wordsworth. In *Autobiography* ist diese Wendung zum Ungeteilten identisch mit der Wiederentdekkung der magischen Qualitäten des Lebens. Nicht Magie im Sinne des Okkultismus, also als zweckbezogenes Instrument, sondern im Sinne einer inneren Transzendenz, eines Tao. Eine Nähe zu Ralph Waldo Emerson deutet sich an, wenn Powys schreibt:

> Was wir brauchen – und der Schlüssel liegt in uns selbst – ist eine kühne Rückkehr zur magischen Sicht des Lebens ... zu jenem Glauben an die Potentialität des Ich, mit dem alle große Dichtung und alle große Philosophie sich befaßten. Jenes überbordende Gefühl der Befreiung vom unmittelbaren Druck des praktischen Lebens

brauchen wir, die jeder ›Logos‹ aus der Arena Goethes, Spinozas, Leonardos oder Platons, Heraklits oder Epiktets oder der alten chinesischen Taoisten uns vermittelt.

Die Liste könnte fortgesetzt werden. Powys ruft seine Hausgötter immer wieder beschwörend an; Namen sind ihm keine toten Bildungsträger, sondern werden selbst zu magischen Formeln: Pythagoras, Sokrates, Plotin, die Gnostiker, die Ketzer, Montaigne, Ruskin, Walter Pater, William James...

In *The Meaning of Culture* (1929) spricht Powys von Goethe und diesen Denkern als »writers of ... applied philosophy«, mit deren Hilfe der *common man*, der einfache Mensch die lebensbezogene Einheit von Denken, Fühlen und Wahrnehmen praktizieren kann.

4

1817 beschreibt Goethe in dem Essay »Erste Bekanntschaft mit Schiller« die anfängliche Verstimmung, die soviel über die Polarität der Charaktere beider aussagt. Goethe trug Schiller zu Beginn ihrer Bekanntschaft mit großer Lebhaftigkeit seine Beobachtungen über die Metamorphose der Pflanzen vor, versuchte sie sinnlich zu evozieren. Schillers Bemerkung, das sei keine Erfahrung, sondern eine Idee, machte Goethe stutzig, ja verdrießlich:

> ...denn der Punkt, der uns trennte, war dadurch aufs strengste bezeichnet. Die Behauptung aus *Anmut und Würde* fiel mir wieder ein, der alte Groll wollte sich regen, ich nahm mich aber zusammen und versetzte: das kann mir sehr lieb sein, daß ich Ideen habe, ohne es zu wissen, und sie sogar mit Augen sehe.

Man kennt Schillers Äußerung von 1790: »Seine Philosophie mag ich auch nicht ganz: sie holt zuviel aus der Sinnenwelt, wo ich aus der Seele hole. Überhaupt ist seine Vorstellungsart zu sinnlich und betastet mir zuviel.«

Es ist eben diese Fähigkeit Goethes, Ideen zu sehen und zu betasten, sie zur Anschauung, Theorie im ursprünglichen Sinne, zu bringen, was Powys an Goethe so fasziniert. Immer wieder kommt er auf Oswald Spenglers Wort von Goethes »physiognomischem Blick« zurück. Goethe wie Nietzsche erscheinen ihm als »romanticists of ideas«; die aus Ideen also sinnliche, dramatische Figuren machen; halb philosophisch, halb poetisch ihnen Gestalt verleihen über das Allegorische hinaus. Powys sieht in dieser Fähigkeit etwas dem Rausch Verwandtes, das an eine erotische Ekstase heranreiche (*Autobiography*, S. 432). Während Goethe pantheistische Sinnlichkeit jedoch durch praktische Beobachtung der Natur kontrolliert, empfiehlt Powys als Mittel gegen den lauernden religiösen Fanatismus und gegen ein Zuviel an Wissenschaft die Haltung der Skepsis – eines Montaigne zum Beispiel. Was er an Goethe und den deutschen Denkern als Ideendramatik bewundert, verfällt der Skepsis während des Krieges; Hitlers Ideologie erkennt er als Übersteigerung genau dieser Anlage. Humor und Skepsis sind ihm die Antworten auf die Systeme, die zu viel Hitze erzeugen: Religion, Nationalismus, Mystik.

Die Wiederbelebung der lebendigen Substanz der Ideen – man kann es auch als Rückkehr zu den in den Ideen angelegten Intentionen betrachten, in denen sich die Einheit des Schauenden mit dem Geschauten andeutet – diese Belebung findet sich auch in Powys' Romanen, die ohnehin voll von philosophierenden und sinnenden Gestalten sind. In *Wolf Solent* unterhalten sich Wolf und Christie Malakite über Philosophie. Sie stimmen darin überein, daß Philosophie keine Wissenschaft sei, sondern etwas in das Leben verwobenes Geistiges oder eine Atmosphäre. Ideen lösen sich auf wie Gerüche: »Ich betrachte jede Philosophie nicht als ›Wahrheit‹, sondern eben wie ein besonderes Land, in dem ich umhergehen kann« (Kap. 5). Powys sieht sich in dieser Versinnlichung des Abstrakten in der Nähe des spätviktorianischen Schriftstellers Walter Pater, der metaphysische Systeme wie Kunstwerke behandelt; sie unterstehen dem Geschmacksurteil, sind zu genießen oder zu verwerfen.

Der Ästhetizismus des späten 19. Jahrhunderts, der bei Powys noch Blüten treibt, ist sicherlich von Goethe weit entfernt. Die Gemeinsamkeit dürfte aber in einer Hinwendung zu komplexen Lebensprozessen liegen, an denen die mathematische Präzision und Optik scheitert. Wo die Idee zur Anschauung wird, sind auch die Grenzen der Quantifizierbarkeit erreicht. Was zwischen Wahrnehmung und Gegenstand geschieht, entzieht sich der Berechnung, ist Schöpfungselement, ähnlich den Prozessen, die der Kunst zugrundeliegen.

Goethes nicht-mathematische, eher mimetische, den Gegenstand nachvollziehende Präzision findet sich in Powys' Romanen wieder, in denen die Beobachtung insbesondere atmosphärischer Natur meisterhaft ist; sei es im Anfang von *A Glastonbury Romance* (1932), wo die Gefühle der Mutter Erde in der Vegetation exakt erspürt werden, sei es in den Beschreibungen der walisischen Nebellandschaften des im 5. Jahrhundert spielenden Romans *Porius* (1951). Bei der sprachlichen Erfassung dieser Phänomene kommt Powys nicht nur eine mimetisch vorgehende Syntax des langen Atems zugute, sondern auch die vom Vater erlernte Genauigkeit der botanischen und zoologischen Sprache.

Die gemeinsame Rückbindung der Idee an Erfahrung macht beide Autoren zu Kritikern einer autonom gewordenen Abstraktion, die den planetarischen Leib seiner universalen Bezüge beraubt. Sie hat die Naturwissenschaft bisher auch daran gehindert, die wahre Komplexität und Sinnfülle der natürlichen Erscheinung zu ermessen. Wenn der Atomphysiker Hans-Peter Dürr gesagt hat, die Naturwissenschaften seien gegenwärtig in der Lage dessen, der die Buchstaben eines Gedichtbandes zwar zählen, den Text aber nicht lesen könne, dann gibt das die Distanz an, die die sogenannten exakten Wissenschaften noch trennt von den zukünftigen Wissenschaften des Lebens, die in der Dichtung und Kunst ihr Präludium haben. Goethe bemerkt zu Riemer am 10. Mai 1806:

> Die früheren Jahrhunderte hatten ihre Ideen in Anschauungen der Phantasie; unsere bringt sie in Begriffe. Die großen Ansichten des Lebens waren damals in Gestalten, in Götter gebracht; heutzutage bringt man sie in Begriffe. Dort war die Produktionskraft größer, heute die Zerstörungskraft oder die Scheidekunst.

Sollte uns ein Zeitalter der Synthese bevorstehen – bei Powys ließe sich einiges darüber lernen. Zumindest gehört er zu den Autoren, die diese alte Fähigkeit der ›Gestaltung‹ in seiner Kunst für dieses Zeitalter aufbewahrt haben. An Schopenhauer schrieb Goethe im Jahre 1816: »Idee und Erfahrung werden in der Mitte nie zusammentreffen, zu vereinigen sind sie nur durch Kunst und Tat.« (28.1.1816)

5

Wenn Wahrheit von dieser Mitte zwischen Idee und Erfahrung aus denkbar, sinnfällig wird, so ist sie damit auch ein Ergebnis der Tätigkeit, die dorthin führt. Dieser Weg ist für Goethe ebenso wichtig wie das Resultat. Wissen, wenn es den Phänomenen des Lebendigen zugetan ist, hat einen persönlichen Charakter: Es ist Lebensgeschichte zugleich und muß über die Dissoziation von Wissen und Gegenstand hinausführen. So erklärt sich Goethes tiefes Interesse an den Lebensumständen des von ihm so bewunderten Systematikers der Wolken, Luke Howard. Goethe wollte wissen, wie Howard zu seiner Klassifikation kam und schrieb bekanntlich einige Gedichte zu Ehren des Wolkenforschers. Daraus ist zu folgern: Der Weg zur Naturerkenntnis ist identisch mit dem Weg zur Selbsterkenntnis. Nicht der Verstand allein kann hierhin gelangen; er muß sich in Bezug setzen zu Gewissen, Ethik, Lebensgeschichte; er muß seine Subjektivität läutern wie in den alten Wissensschulen, in denen Kenntniserweiterung und innere Entwicklung zur Harmonie gebracht wurden – man denke an den Pythagoräismus. Andernfalls verschließt sich dem Lernenden die Natur von einem bestimmten Zeitpunkt an – und damit verschlösse sich der Lernende vor sich selbst.

Am 13. Februar 1829 teilt Goethe Eckermann über die Natur mit: »Den Unzulänglichen verschmäht sie, und nur dem Zulänglichen, Wahren und Reinen ergibt sie sich und offenbart ihre Geheimnisse.« Powys zitiert diese Stelle zustimmend in seinem zweiten Goethe-Essay (in *The Pleasures of Literature*). In seinem philosophischen Frühwerk, *The Complex Vision* (1920), seinem einzigen systematischen Entwurf, betont er den nicht abbildenden Charakter von Wahrheit. Sie ist nicht zu verdinglichen, sondern eine »Haltung, eine Gebärde unseres ganzen Wesens« (S. 360) und »Wahrheit ist eine schöpferische Gebärde... ein Gleichgewicht... zwischen ewigen Widersprüchen« (S. 69). Und in *Autobiography* interpretiert er Christi Ausspruch »Ich bin die Wahrheit« als Hinweis darauf, daß die Wahrheit letztlich ein »lebendiger Organismus« sei. Man kann auch sagen, daß Symbol und Bezeichnetes, Körper und Geist in der Geste zusammenfallen, die eine Gestalt beschreibt. In der Gebärde aber liegen die dichterischen Voraussetzungen von Goethes Naturphilosophie, wie Carl Friedrich v. Weizsäcker gezeigt hat – von ihr führt der Weg zu den Phänomenen, die Gebärden der Natur sind.[2] Das Sehen selbst wird zur Theorie. Man erinnert sich an den Ausspruch in Stella »... die Gestalt des Menschen ist der beste Text zu allem, was sich über ihn empfinden und sagen läßt.« In den *Wanderjahren* (III) ist die Rede von der Manifestation von Stoff und Geist in der vorübergehenden Lebenserscheinung als höchster Gestalt, die der Mensch erreichen könne. Aller Gesetzlichkeit in der Natur ist bei Goethe die Gestalt vorgeordnet.

6

Gestalt aber verweist auf die Erkenntnis des Vielen in seiner Beziehung zur Einheit. Gestalt ausbilden kann nur das Eine, das in sich die Bewegungen der Vielfalt als Metamorphose zur Erscheinung bringt. In der Reduktion auf das Eine, das diese Bewegung unterbindet, verarmt die Welt an Erfahrung. Eine Wissenschaft des Lebendigen muß letztlich auf die Vielfalt eingehen können, nachdem die Prozesse der Analyse durchlaufen sind. Die Reduktion gelangt an einen Punkt, an dem das Wichtigste der Wissenschaft verlorengegangen ist. In dieser Erkenntnis liegt die Chance einer Erneuerung des Weltverständnisses. Wenn die Buchstaben des Textes abgezählt sind und das Ergebnis ein Nichts ist, ist die Zeit gekommen zur Erfassung des Textes in seiner Bedeutung. Wo aber liegt der Unterschied zwischen dem Zählen von Buchstaben und dem Verstehen eines Textes? Er liegt womöglich in der Tiefenordnung. Wer zählt, will zu tief gehen, vermutet Bedeutung an einer Stelle, wo sie sich nicht fassen läßt. Er sollte oberflächlicher sein, bei den Buchstaben verweilen oder besser: zwischen ihnen. In den Zwischenräumen konstituiert sich Sinn, nur dort kann er erzeugt werden als Bezugnahme zur Differenz der Buchstaben untereinander. In gewisser Weise ist also eine größere Oberflächlichkeit gefordert beim Lesen. Wer gebannt auf das Identische starrt, verfehlt den Sinn. Der ist, mit anderen Worten, viel eher »offenbares Geheimnis« (wenn man lesen gelernt hat); er liegt in der Wahrheit des Scheins. Es ist bezeichnend, daß Goethe diese Erkenntnis als Freude ausdrückte:

Freut euch des wahren Scheins,
Euch des ernsten Spieles:
Kein Lebendiges ist eins,
Immer ists ein Vieles.
(»Epirrhema«)

Daß den Sinnen Wahrheit zugänglich ist gegen alle Thesen des Verstandes, war auch die Erfahrung von Powys. Kaum ein neuerer Autor hat die Sinnestätigkeit in seinen Romanen so ausgiebig und tief geschildert wie Powys. Tastsinn, Geruch und Augen sind nirgends so aktiv wie in seinen sensualistischen Figuren, die mit Haut und Haaren den physischen Kosmos einatmen und zum psychischen Erlebnis verwandeln. Immer auf der Suche nach Sinnesserlebnissen, polymorph in ihrem Weltbezug wie der Säugling, bergen sie ihre *sensations* wie Schätze und konzentrieren in ihnen den Sinn ihres Lebens. Diese sind die Quelle aller Lebenserneuerung bei ihnen und verbinden das Selbst mit seinen eigenen Ursprüngen im zweckfreien und spielerischen Umgang mit Natur: »Ein Baby lebt für Sinnesempfindungen; aber die Empfindungen für die es lebt, sind die reinsten Essenzen unseres planetarischen Lebens.« *(Mortal Strife)* Und Wolf Solent sagt an einer Stelle, daß es sein Körper war, der ihn gerettet habe.

Zum philosophischen Weg Powys' gehört es, die »Sinneseindrücke gegen alle elektronische Reduktion als wahre Realität zu akzeptieren.« *(Autobiography)*. »Sensation thoughts« sind die Formen, in denen sich sinnlicher Schein verschmelzt mit geistiger Aktivität (Erinnerung, Ahnung, Denken). Die Sterne, die Goethe zu fern waren, nimmt Powys in ihrer »präzisen sichtbaren Erscheinung wahr, indem ich aus meinem Bewußtsein all jene beunruhigenden astronomischen und mathematischen Berechnungen eliminiere« *(Autobiography)* – eine Methode, die geradezu an Husserls phänomenologische Reduktion erinnert. Für Powys verbindet sich wie bei Goethe die Welt des unreduzierbaren Scheins mit der Vielheit. In Anlehnung an William James setzt er dem monistischen Universum ein Multiversum der vielfachen Existenz entgegen. Wenn der Schein eine ›Täuschung‹ des Geistes sein sollte, so ist das doch belanglos in einer Weltanschauung, in der Geist und Materie eins sind – eine romantische Gleichung, zu der sich Goethe nicht so eindeutig durchringen wollte – und Powys nicht immer. Natur steht bei beiden auch entgegen – streng, kokett, spielerisch. Aber der Mensch ist auf sie hin angelegt, und er kann partizipieren an ihren Erscheinungen.

Widerspruch und Einheit, Polarität und Partizipation sind beiden Autoren die Struktur, durch die Wahrheit sichtbar wird. Geist und Materie, das sind Entzweiung und Vereinigung in eins. Oder wie Goethe in der Einleitung zur *Farbenlehre* schrieb:

> Das Auge hat sein Dasein dem Licht zu danken. Aus gleichgültigen tierischen Hilfsorganen ruft sich das Licht ein Organ hervor, das seinesgleichen werde; und so bildet sich das Auge am Lichte fürs Licht, damit das innere Licht dem äußeren entgegentrete.

Im Auge wohnt ein ruhendes Licht, heißt es weiter. Der Organismus enthält die Wahrheit des Universums; und das Universum findet sich wieder im Menschen. Diese alte gnostisch-platonische Tradition fruchtbar zu machen für die Wissenschaft, diese Aufgabe steht im Großen noch aus. Sie wurde verdrängt von anderen Fragen der Wissenschaft, und diese Verdrängung war es, die Goethe an Newton so erzürnte: Die Wissenschaft entfernt sich von ihrem Subjekt. Farbe ist der Bereich, an dem die Wahrheit des Scheins in seiner Vielfalt am deutlichsten wird. Daß Farben Persönlichkeiten haben, daß sie anthropomorph wirken, deutet Goethe im Vorwort zum selben Werk an: »Die Farben sind Taten des Lichts, Taten und Leiden«. Wie Goethe hatte Powys mehr Sinn für Farbe als für Musik. Das Phänomen Farbe ist wie kein anderes dazu geeignet zu zeigen, wie das Subjekt den Gegenstand miterzeugt in der Wahrnehmung. Für Powys wird die Farbe zu einem geistig-leiblichen Wesen:

> Farbe! Daß so etwas überhaupt unter der Sonne erscheinen konnte! ... dies Phänomen der Farbe ist wie eine Unzahl bezaubernd-lieblicher Düfte, die sichtbar geworden sind. Nein, mehr als das. Es ist wie ein menschlicher Leib, in den man vernarrt ist. Auf jeden Fall etwas, in das man versinkt und das man auskostet wie die Offenbarung einer erotischen Vierten Dimension. *(Autobiography)*

Nicht nur erzeugte er sich als Kind Ekstasen – »präkosmische Panoramen« – indem er die Knöchel auf die Augen drückte und ein kaleidoskopisches Farbspiel genoß. Während eines Krankenhausaufenthalts in London entwickelte er die Gewohnheit, sich verschiedenfarbige Engel vorzustellen, und zwar gleich in Legionen, um sie als Heilkräfte zu bestimmten Mitpatienten zu schicken – eine Phantasie, die merkwürdig an die farbigen Engel erinnert, wie sie in der Kosmologie und Theophanie der islamischen Mystik eine Rolle spielen. Dieses Beispiel ›weißer Magie‹ bei Powys zeigt, daß Farben assoziiert werden mit transmateriellen Kräften; daß ihnen mehr innewohnt als nur Wellenlänge und elektronische Schwingung; daß schließlich die Welt des Scheins, der ›Täuschung‹, auf ein kosmisches Prinzip verweist, durch das Leben erst ermöglicht wird. So bewertet er auch die *life-illusions* – eine Anlehnung an Ibsens ›Lebenslüge‹ – als lebensnotwendige Energie, als Bildgestalt, die Sinn erschafft und daher nicht verworfen werden sollte. Am

Ende von *A Glastonbury Romance* sagt der kommunistische Magier John Geard:

> Ich sage euch, jede Lüge, sofern sie von einer Menge Seelen nur geglaubt wird ... erschafft neues Leben ... Wunder sind Lügen; und doch geschehen sie. Unsterblichkeit ist eine Lüge; und doch erreichen wir sie. Christus ist eine Lüge; und doch lebe ich in ihm...

Goethes Verhältnis zum Aberglauben ist bekannt: Er »gehört zum Wesen des Menschen« und »ist die Poesie des Lebens« (Maximen und Reflexionen), und der Traum-Schein ist Bedingung von Wahrnehmung überhaupt: »Ich glaube, der Mensch träumt nur, damit er nicht aufhöre zu sehen.« *(Die Wahlverwandtschaften)* In der Farbenlehre interessiert ihn insbesondere die Rehabilitation der sogenannten physiologischen Farben, die auch »Scheinfarben« und »Täuschungen« genannt wurden und der Welt des Flüchtigen angehören. Genau diese sind ihm jedoch die notwendige Bedingung des Sehens: »Aber der Philosoph, wenn man nur überhaupt von Farbe spricht, fängt an zu rasen.« *(Farbenlehre)*

7

Wenn denn Goethe und Powys noch eine Bedeutung haben, so liegt sie in der Erfassung des Lebendigen. Die Wissenschaft, die das Tote zum Objekt hat oder vom Toten her folgert, kasteite Powys in seinen Attacken gegen die Vivisektion, die ihm das Abscheulichste an der neuzeitlichen Wissenschaft überhaupt war. Von Goethe überlieferte Eckermann das große Wort (das Powys in seinem Goethe-Essay zitiert):

> Die Gottheit aber ist wirksam im Lebendigen, aber nicht im Toten; sie ist im Werdenden und sich Verwandeln-

den, aber nicht im Gewordenen und Erstarrten. Deshalb hat auch die Vernunft in ihrer Tendenz zum Göttlichen es nur mit dem Werdenden, Lebendigen zu tun; der Verstand mit dem Gewordenen, Erstarrten, daß er es nutze. (13.2.1829)

Eine solche Vernunft muß schließlich auch die Kunst einbeziehen, will sie nicht erstarren, denn Kunst erfaßt das Nicht-Begriffliche und Nicht-Identische, das sich den Erklärungssystemen entzieht. Powys redet vom »protoplasmischen Weltstoff«, dessen unverkörperte Essenzen geradezu eine Aura um den Planeten bilden, aus der der Künstler seine Gestaltungen entwirft; es ist die Zwischenwelt, in der die Imagination aktiv werden kann (*The Meaning of Culture*, Kap. 3). Wer das Lebendige in seiner Komplexität, in seinem Duft und schillerndem Schein erkennen und erhalten will, muß sich des technischen Zugriffs auf Natur entschlagen. Dieser hatte ohnehin nur ganz bestimmte, eben die verwertbaren Seiten der Natur im Auge und nutzte Erstarrung als Mittel der Beherrschung. Oder, wie Heidegger einmal schrieb: »Es könnte doch sein, daß die Natur in der Seite, die sie der technischen Bemächtigung durch den Menschen zukehrt, ihr Wesen gerade verbirgt.«

Für Powys wie für Goethe äußert sich das Leben auch in Zusammenhängen, die den Menschen übersteigen – im Leben der Erde. Am 11. April 1827 sagte Goethe zu Eckermann: »Ich denke mir die Erde mit ihrem Dunstkreise gleichnisweise als ein großes lebendiges Wesen, das im ewigen Ein- und Ausatmen begriffen ist.« In Powys' Romanen ist die Erde – nicht nur im Gleichnis – ein lebendiges Wesen. Sie hat sogar ein Bewußtsein und eine Innenwelt. In den Sinnesekstasen der Menschen, so schreibt er in der Autobiographie, gelangt die Erde zum Bewußtsein ihrer selbst. Den Austausch zwischen Mensch und Kosmos erkannt, gelebt und beschrieben zu haben, darin liegt die entscheidende Gemeinsamkeit beider Autoren. Sie haben die Erinnerung daran bewahrt für eine Zeit, in der das Leben immer weniger von sich weiß.

1 W.H. Auden in einer Rezension der englischen Ausgabe von Goethes Gesprächen. John Cowper Powys, geb. 1872 in Shirley/Derbyshire, gest. 1963 in Blaenau Ffestiniog, Wales. Seine jüngeren Brüder Theodore Francis und Llewellyn traten ebenfalls als Schriftsteller hervor. Nach langer Vortragstätigkeit, vor allem in den USA, ließ er sich in Wales nieder. Er schrieb Gedichte, Essays, biographisch-literarische Studien (zu Keats, Dostojewski, Rabelais); vor allem aber Romane und philosophische Bücher zur Lebenskunst. Seine wichtigsten Romane sind: Wolf Solent (1929), *A Glastonbury Romance* (1932), *Weymouth Sands* (1934), *Maiden Castle* (1936), *Owen Glendower* (1940), *Porius* (1951), *Atlantis* (1954) und *The Brazen Head* (1956). Mit Hilfe einer mythischen Psychologie, die vor allem die keltische Mythologie zum Hintergrund hat, gelingt ihm darin eine neue, völlig unzeitgemäße Erkundung der menschlichen Innenwelt. In seinem Spätwerk verlegte er sich auf das Schreiben von kosmologischen Geschichten, in denen Science Fiction, Taoismus und zweite Kindheit eine merkwürdige Einheit eingehen (z. B. *All or Nothing, You and Me, The Mountains of the Moon*). Seine wichtigsten philosophischen Schriften: *The Complex Vision* (1920), *The Meaning of Culture* (1929), *In Defence of Sensuality* (1930), *A Philosophy of Solitude* (1933), *In Spite of* (1953). Als eines seiner wichtigsten Bücher ist noch *Autobiography* (1934) hervorzuheben. In deutsch liegen derzeit vor: *Wolf Solent* (Zsolnay Verlag), *100 Beste Bücher* (Ammann Verlag), *Kultur als Lebenskunst* (Junius) und *Autobiographie* (Kirchheim). Zur Einführung vgl. den Sonderteil zu Powys in *Akzente* 28 (1981), S. 100-146, sowie Vf., Natur und Subjekt im Werk von John Cowper Powys, Frankfurt/Bern 1983. **2** C.F. v. Weizsäcker, »Über einige Begriffe aus der Naturwissenschaft Goethes«, in Die Tragweite der Wissenschaft I, Frankfurt/M. 1964, S. 240ff.

Eine Geschichte der Phänomene

Zum Werk des englischen Philosophen Owen Barfield

Vor einiger Zeit traf sich in Freiburg eine kleine Runde von Fragenden aus den verschiedensten Gebieten zu dem Thema »Ohne Erde, aber mit Gewinn.« Im Mittelpunkt stand ein Wochenende lang jene Tomate, die durch den erdelosen Anbau erzeugt wird. Wie in einer Intensivstation werden diese Gewächse, die keine mehr sind, über Kanülen, Drähte und Lampen ernährt. Ohne daß es die ›Verbraucher‹ merken, wird mittlerweile ein hoher Prozentsatz von Gemüse nicht nur in Holland so produziert. Unauffällig hat sich hier ein Sprung vollzogen, der qualitativen Charakter zu haben scheint. Die Gruppe hatte sich nicht zusammengefunden, um diesen Sprung zu verdammen, sondern um ein Unbehagen zu formulieren. Dabei war die Art des Zusammenkommens, das Gespräch, das über Umwege und Menschen immer das Thema im Sinne eines Widerspruchs umkreiste, selbst Teil einer Antwort.

Während dieser Begegnung dachte ich oft an ein Buch mit dem Titel *Worlds Apart – A dialogue of the 1960s (Welten auseinander – Ein Dialog der 60er Jahre).* In einem Cottage in England versammelt ein Rechtsanwalt und Amateurphilologe sieben Vertreter der unterschiedlichsten Gebiete: Theologe, Raketeningenieur, Physiker, Biologe, Sprachphilosoph, Lehrer und Psychiater. Zwei Tage lang diskutieren diese Spezialisten. Der Ausgangspunkt ist ebenfalls eine Form des erdelosen Anbaus – die Raumfahrt. Von hier führen die Gespräche zu Psychoanalyse, Evolution, zur Symbollehre, Sprache und zur Erkenntnistheorie. Entscheidend ist auch hier, daß keiner die Debatte ›gewinnt‹. Der Widerspruch bleibt gewahrt zwischen Lebenspraktiker, Darwinist, Skeptiker oder Anthroposoph. Doch jede Position erscheint jetzt in einem neuen Licht.

Das Vorgehen und die Wirkungsweise eines Denkens, das eher dialogisch als expositorisch aufgebaut ist, erscheint charakteristisch für den Autor von *Worlds Apart,* den englischen Philosophen (und Rechtsanwalt) Owen Barfield, der 1898 in London geboren wurde und nun im hohen Alter in Sussex lebt. Auch wenn er fast nichts über Landwirtschaft geschrieben hat, könnte man sagen, daß es ihm um die Tomate geht. Was geschieht hier, im erdelosen Anbau, anderes, als daß Phänomene simuliert werden? Was uns verstört, ist das Gefühl, daß die Phänomene nur noch konstruiert, nicht mehr gewachsen sein könnten. Es handelt sich um einen Eingriff in die innere Struktur der Phänomene selbst, wenn die Erscheinung zu einem kontrollierten, menschlich gesteuerten Vorgang wird. Was geschieht, wenn dem Menschen nichts Unverfügbares mehr gegenübersteht? Es sind solche Fragen, die uns zur Geschichte der Phänomene zurückführen; im Augenblick des Verschwindens scheint das Wirkliche erst wirklich zu werden. Owen Barfields Werk ist ein gewichtiger Beitrag zu einer derartigen Geschichte, wenn man unter Phänomenen eben nicht eine Summe von Fakten versteht, sondern einen Prozeß, in dem sich das menschliche Bewußtsein und die Welt auf unterschiedliche, historisch zu spezifizierende Weise vereinen. Mit der neuzeitlichen Wissenschaft ist aber das Verhältnis von Erscheinung als Sinneswahrnehmung und der auslösenden Realität zum Problem geworden. Die Physik redet von Wellen, Strahlen, Korpuskeln, Quantensprüngen, der Alltagsmensch jedoch spricht weiterhin von Tisch, Stuhl, Auto oder Wetter. Diese immer weiter aufklaffende Distanz zwischen wissenschaftlichem Blick und Alltagsblick, zwischen dem mikroskopisch oder teleskopisch erfaßten Kosmos und dem erlebbaren Mediokosmos der Sinne ist der Ausgangspunkt für Barfields Hauptwerk *Saving the Appearances – A Study in Idolatry* (London 1957), das nun auf deutsch vorliegt unter dem Titel *Evolution – der Weg des Bewußtseins.* Im Laufe der letzten hundert Jahre haben die Naturwissenschaften so sehr expandiert, daß bestimmte Konsequenzen für unser Weltbild nicht verarbeitet worden sind. Das Ziel Barfields besteht deshalb darin, zunächst einmal die Hindernisse abzuräumen, die einem Verständnis des Menschen in der Geschichte der Phänomene entgegenstehen; es geht ihm nicht um die Errichtung einer neuen Erkenntnistheorie. Vielmehr müssen zunächst die Voraussetzungen befragt werden, die unser modernes Weltbild bestimmen. Er hat es einmal so ausgedrückt:

»Es geht nicht darum zu sagen, ›ich habe Recht, weil ich kein Materialist bin‹, sondern ›du hast Unrecht – wie materialistisch du auch sein magst und wie sehr du es auch bleiben willst – in der ganzen Art und Weise, wie du denkst, in den Vorannahmen, die du dir in Bezug auf Mensch, Geschichte und Evolution machst‹«.

Diese Zielsetzung gilt es im Auge zu behalten, denn hier ist Barfield oft mißverstanden worden. Barfield beginnt seine Studie mit Überlegungen zur Rolle des Bewußtseins bei der Erzeugung von Phänomenen. Die menschlichen Sinne und das Gehirn bearbeiten das Nicht-in-Erscheinung-Tretende, das »Nicht-Repräsentierte« zu »Repräsentationen«, d.h. das, was die Physik modellhaft mit ›Teilchenwelt‹ und anderen Bildern beschreibt, wird ständig übersetzt in Sinneseindrücke. Die Arbeit des Zusammenfügens von Sinneseindrücken zu erkennbaren Formen nennt Barfield Gestaltgebung (Figuration). Finden Gruppen von Menschen eine Übereinstimmung hinsichtlich von Phänomenen, bilden sich kollektive Repräsentationen heraus – wie Bäume, Häuser, Gesichter. Unsere Welt ist demnach – und hier ist Barfield sich einig mit den Konstruktivisten – ein System kollektiver Repräsentationen:

Es kommt der Zeitpunkt, an dem man dies entweder als Wahrheit akzeptieren muß oder aber die Theorien der modernen Physik als kunstvolle Täuschung abzulehnen hat. Beide Wege zugleich zu beschreiten ist unmöglich.

Um diese Überlegungen, die Barfield aus einfachen Beobachtungen zum Regenbogen ableitet, auf die Geschichte der Phänomene anzuwenden, setzt er sich mit den Anthropologen des 19. Jahrhunderts (Tylor, Max Müller) auseinander, die mit ihren Anschauungen heutige Klischees begründeten. Ihr kardinaler Irrtum bestand darin, das positivistische Menschenbild in die Vorgeschichte oder die sog. primitive Mentalität zu projizieren. Demnach dachten die Menschen immer in der gleichen Weise, d.h. die Phänomene selbst waren immer dieselben. Nur war das Denken der Primitiven etwas fehlerhaft. Müller erklärte beispielsweise den Ursprung der Mythen aus einer »Krankheit der Sprache«, aus Übertragungsfehlern des metaphorischen Gebrauchs von Worten. Die Metapher selbst erschien diesen Denkern als eine Verfallserscheinung gegenüber einem angenommenen ursprünglichen pragmatischen Benennen, das von realen Objekten zur Benennung von geistigen Phänomenen voranschritt. Demnach hat das Wort Atem zunächst nur die Bedeutung der physiologischen Tätigkeit und wird später aufgrund eines ›Datenfehlers‹ übertragen auf eine nicht-sichtbare Entität, auf etwas Seelisch-Geistiges (atman). Die Grundlage der Sprache findet sich also in der Außenwelt, in der materiellen Erscheinung. Anatole France trieb diese ja auch heute noch anzutreffende These weiter, indem er einen theologischen Satz auf seine materielle, d.h. für die Positivisten ursprüngliche Bedeutung zurückführte. Der Satz lautet: »L'âme possède Dieu dans la mesure où elle participe dans l'absolu«. Die Seele besitzt Gott in dem Maße, wie sie am Absoluten teilhat, hieße die heutige Übersetzung. France betreibt die Rückübersetzung in die ›Ursprache‹: »Der Atem sitzt auf dem, was glänzt, bei der Schüssel der Gabe, die er empfängt in dem, was völlig entfesselt ist.« Barfields Untersuchungen zur Etymologie zeigen dagegen, daß eine ursprüngliche Mehrdeutigkeit der Wörter anzunehmen ist, in der geistige und körperliche Bedeutung verschmelzen. Die Schwierigkeiten bei der Übersetzung eines biblischen Wortes wie »pneuma« machen dies beispielhaft deutlich; je nach Kontext muß man zu Wörtern wie Geist oder Wind greifen.

Wenn sich aus der Sprachgeschichte zeigen läßt – und Barfield hat ähnliche Entwicklungen für die englische Sprache in seinem Buch *History in English Words* (1926) nachgewiesen –, in welcher Weise sich die Repräsentationen der phänomenalen Welt verändern, so können vielleicht Gesetzmäßigkeiten entdeckt werden, die nicht nur zufällig eintretende Veränderungen anzeigen, sondern den Gedanken nahelegen, daß mehr oder weniger zielgerichtete, in Sprüngen und Rückschritten sich vollziehende Entwicklungen stattfinden. Wenn wir die Veränderungen der Sprache auf ihre Orientierung hin untersuchen, so scheint die phänomenale Welt im Alten Orient, im klassischen Griechenland, im Europa der Renaissance und der Neuzeit eine grundlegende Transformation durchlaufen zu haben, an deren (vorläufigem) Ende jener Positivismus steht, der sich eben nicht selbst als Teil dieser Bewußtseinsgeschichte verstehen kann. Sprachgeschichte ebenso wie die Dokumente früherer Kunst, Religion und Mythologie erinnern daran, daß die Menschen in einem kaum noch vorstellbaren Maße an den Phänomenen partizipierten, d.h. sich als Teil jener Welt sahen, für die wir heute nur noch das dürftige Wort ›Umwelt‹ haben. Barfield nennt diese Teilhabe, dieses Teilsein von Welt »Partizipation« und schließt damit an die Terminologie von Lévy-Bruhl und Ernst Cassirer an. In der Repräsentation der Phänomene ist der Mensch der frühen Kulturen selbst aufgehoben; der Anthropomorphismus der antiken Mythologie erscheint fast nur noch als Abglanz dieser Art von Existenz.

Zeichen einer Wendung gegen diese Vermischung von Menschen mit tierischer und pflanzlicher Welt, des menschlichen Bewußtseins mit Nicht-Menschlichem findet Barfield an zwei Orten der bekannten Alten Welt, nämlich in Israel und Griechenland. Jedoch stellen beide Kulturen unterschiedliche, ja konträre Weisen der Abschaffung von Partizipation dar. Wo Israel den einen Gott seiner Religion den vielen menschlich-tierisch-göttlichen Mischwesen des umgebenden Polytheismus entgegensetzt und so die Phänomene ›reinigt‹, da entsteht in Griechenland eine nichtreligiös motivierte Wissenschaft, die auf ihre Weise die Welt zu entmythologisieren beginnt. So konnten Adorno und Horkheimer schon in der Odyssee die Urgeschichte der Subjektivität entdecken. Vereinfacht lautet Barfields Formel: Israel zerstört die Götzenbilder der Religion, Griechenland die des mythischen Denkens. Beide Traditionen vereinigen sich im Abendland zu einem Strom, aus dem im 17. Jahrhundert die Neuzeit entsteht. Während Francis Bacon den griechischen Impuls aufnimmt, indem er die klassischen Mythen als Parabeln der neuen Wissenschaft und Technik liest (in seiner Schrift *De Sapientia Veterum, Von der Weisheit der Alten*), geht der Protestantismus mit seinem Bildersturm auf Erlebnisweisen Israels zurück.

Wiederum ist die Sprachgeschichte ein deutlicher Indikator für die Bewußtseinsveränderungen, die mit diesem Kampf gegen Götzen einhergehen. Barfield erläutert sie an den veränderten Vorstellungen, die sich mit dem Blut und dem Herz verknüpfen. So war für das Mittelalter das Blut ›ein ganz besonderer Saft‹, der noch von Lebensgeistern erfüllt war und nicht als etwa als eine, sondern vielmehr als zwei Flüssigkeiten, nämlich als arterielles oder venöses Blut, angesehen wurde, bis Harvey mit seiner Entdeckung des Kreislaufs nachweisen konnte, daß es sich um ›dieselbe‹ Flüssigkeit handelt. Die zunehmende Abstraktion, die Lösung der Phänomene aus ihren situativen und partizipatorischen Kontexten ermöglichte die Erkenntnis physikalischer und astronomischer Gesetze, auch wenn viele frühe

Wissenschaftler wie Harvey, Kepler, Gilbert oder Newton noch alten Anschauungen und Harmonievorstellungen verpflichtet waren, die partizipatorische Elemente enthielten. Kopernikus und Kepler strebten beispielsweise danach, ihre wissenschaftlichen Einsichten mit den geometrischen Idealen der Lehre Platons zu harmonisieren, und auch Harveys Entdeckung des Blutkreislaufs verdankt sich zu einem Teil der Verehrung der Kreisfigur. Die Geschichte der Phänomene vom 17. bis zum 20. Jahrhundert ist bekannt. Der systematische Abbau von Partizipation (z.B. Astrologie, Alchemie, Aberglauben) führt zu den großen Leistungen moderner Technik und Wissenschaft und ist Voraussetzung für die Aufklärung. Den Flug des Vogels konnte der Mensch erst nachahmen, als er alle Hoffnung verloren hatte, selber sich in einen Vogel verwandeln zu können. Die selbstbewegte Maschine, das Automobil, wurde erst denkbar, als der Mensch nicht mehr versuchte, alles auf einen Erstbeweger, das primum mobile zurückzuführen.

Aber die zunehmende Manipulierbarkeit der Materie – wie sie Francis Bacon hellsichtig in seiner Utopie *Das neue Atlantis* beschrieb – führt paradoxerweise zu einem Verlust an Sinn. Wir können fast alles, aber wissen nicht mehr wozu. Zugleich produzieren wir Katastrophen ganz neuer Art. Barfield führt diese Erscheinungen auf ein sogenanntes Armaturenwissen zurück, d.h. ein Wissen, das zwar das Auto zu steuern vermag, aber nichts mehr vom Aufbau der Maschine versteht, geschweige denn von den Wegen und Zielen, denen diese folgt. Das instrumentelle Wissen hat die Inhalte der Welt so zugerichtet, weil es die nicht mehr partizipatorisch erfahrenen Phänomene nun selbst zu Götzenbildern fixiert hat. Der Bildersturm war die notwendige Absage an ein früheres Götzendenken – auch Bacon bekämpft die Idole –, jedoch führte dieselbe Bewegung zu einem neuen Götzentum, das man mit dem Reduktionismus und Positivismus des 19. und 20. Jahrhunderts gleichsetzen kann. Aus deren Sicht müssen nun Mythen als verunglücktes Denken erscheinen, weil sie den modernen Menschen mit dem früheren gleichsetzen und aus dem Angehörigen einer Stammeskultur einen verhinderten Cartesianer machen. Die Gleichwertigkeit des anderen Weltbildes ist erst möglich, wenn wir die Andersartigkeit anerkennen. Noch der Fundamentalismus heutiger Prägung kann als Folge dieser Einstellung gesehen werden; er gehorcht einem blinden Entweder-Oder-Schema: Entweder ist eine Erzählung historisch oder sie ist symbolisch. Beides zugleich ist unmöglich. Wörtlichkeit kann zu einer subtilen Form des Götzendienstes werden, wenn sie nicht auf den Sinn des Ganzen bezogen wird.

Für Barfield ergibt sich hieraus die Forderung nach einer anderen Art des Wissens, das sich immer der Zusammenhänge von Subjekt und Phänomen bewußt ist. In diesem Sinne entwirft er Annäherungen an das Nicht-Repräsentierte, die mathematischen Modellen mindestens gleichwertig sind, und spricht von einer bewußten Wahrnehmung durch aktive Gestaltgebung. Ein anderer Name dafür ist »neugewonnene Partizipation«, die aber keine Rückkehr zur ursprünglichen Partizipation bedeutet – eine Rückkehr, die sich in vielen Bewegungen des New Age findet. Erste Anzeichen für diese neugewonnene Partizipation sieht er in Goethes naturwissenschaftlichen Methoden, in der Philosophie des englischen Romantikers Samuel Taylor Coleridge, dem er die wichtige Studie *What Coleridge Thought* widmete, und schließlich in der Lehre Rudolf Steiners.

Eine entscheidende Rolle in der Belebung des Sinns kommt der Phantasie zu. Hier berühren sich Barfields Ideen mit denen des Physikers David Bohm, der in Anlehnung an Coleridge die Unterscheidung von *fancy* und *imagination* für die wissenschaftliche Modellbildung erkannte. Während *fancy* nur fertige Elemente des Gedächtnisses neu kombiniert, verweist *imagination* auf einen schöpferischen Akt, der Neues in das Denken bringt. Hier kommt der Metapher eine besondere Rolle zu, da sie durch Verbindung des augenscheinlich Fremden verdeckte Verwandtschaften freilegen kann. Barfield hat in seiner frühen Studie zur Sprache der Dichtung, *Poetic Diction* (1928), gezeigt, wie Metaphern dieses Neue in der Bewußtseinsgeschichte nicht nur ankündigen, sondern auch auslösen können. Die Freude an Dichtung kann auf eine Bewußtseinsveränderung weisen, die in bestimmten Metaphern angelegt ist. Damit kann die Metapher auch zum Mittel der Erkenntnis werden und unser Wissen über die Möglichkeiten des Realen erweitern. Zugleich erhält sich in der Sprache der Dichtung ein partizipatorisches Denken, das für die neuzugewinnende Partizipation von Bedeutung werden könnte.

Der Weg der Phantasie ist ein unsicherer, aber es ist auch nur das Unsichere und Unverfügbare, aus dem das Neue kommt. Die Hexen in Macbeth vermelden es: »Denn wie ihr wißt, war Sicherheit/Des Menschen Erbfeind jederzeit.« Die große weltanschauliche Auseinandersetzung, die Barfield mit seinem Freund C.S. Lewis hatte und die als »Great War« in die Biographie der beiden einging, war auch ein Streit um den Stellenwert der Phantasie. Während Lewis die Phantasie als bereichernde Beigabe zum Leben sieht, ist sie für Barfield ein Instrument der Erkenntnis. Lewis, so hat Barfield es einmal ausgedrückt, sei in die Phantasie nur verliebt gewesen, er aber habe sie geheiratet. In der Romantik, insbesondere im philosophischen und poetologischen Werk des hierzulande viel zu wenig bekannten Coleridge, findet Barfield ein erstes Bewußtwerden des Potentials, das aus der Imagination erwachsen könnte. Wichtig ist auch der Gedanke der Polarität, den Coleridge, in Anlehnung an den deutschen Idealismus, höchst differenziert darlegt und fortentwickelt. Der englische Romantiker entwirft zudem ansatzweise eine erste Theorie der Evolution. Aber während die Romantik immer auch Elemente der *fancy* in ihre Schöpfungen trägt, d.h. schlichtweg verdrängte Inhalte des Unbewußten agieren läßt, sollte sich die Imagination auf eine objektive geistige Welt beziehen lassen, etwa wie sie Henry Corbin unter dem Begriff des *mundus imaginalis* beschrieben hat. Letztlich geht es um die Realität geistiger Welten. Für Barfield ist es das Denken Steiners, in dem der romantische Impuls gleichsam erwachsen wird, indem der Phantasie ein Übungsweg gegeben wird zu einer bewußten Gestaltgebung des Nicht-Repräsentierten.

Diese Einschätzung deutet sein Verhältnis zur Anthroposophie an. An einer entscheidenden Stelle seines Gedankenganges in *Evolution – der Weg des Bewußtseins* weist er auf die Bedeutung Steiners hin:

»Zu sagen, daß er ›den systematischen Gebrauch der Imagination‹ befürwortete und praktizierte, heißt ein so großes Gewicht auf die bloßen Anfänge seiner Lehre und seines Schaffens zu legen, daß es beinahe klingt, als würde man von Dante sagen, er habe ein Gedicht über einen Windhund geschrieben. Steiners Werk zeigt, daß systematische Imagination und die neugewonnene Partizipation, zu der sie führt, im Gegensatz zum rein hypothetischen Denken den ganzen Menschen in Anspruch nehmen – seine Gedanken und Gefühle, sein Wollen und seinen Charakter. Seine eigenen Entdeckungen entstammen dabei ganz offensichtlich jenen weiterführenden Stufen von Partizipation – Inspiration und Intuition –, zu denen der systematische Gebrauch von Imagination hinleiten kann.«

Der Absatz zeigt, welche Art des Denkens und dazugehörigen Stils Barfield pflegt; wie man so schön in Englisch sagt, »he wears his learning lightly«, er macht kein großes Aufhebens um seine Kenntnisse und unterläßt es auch nicht, in die schwierigsten Gedankengänge Humor einblitzen zu lassen. Es sind diese Züge, die ihn für den angelsächsischen Leser, vor allem in der akademischen Welt, so ansprechend machen. Barfields Rolle als Wegbereiter anthroposophischen Denkens, zumal in den USA, kann daher nicht überschätzt werden. Das Interesse des Literaturnobelpreisträgers Saul Bellow an seinem Werk ist dafür ein Symptom. Dabei scheint es wichtig zu sein, daß Barfield eher vom Rande der Anthroposophie her gearbeitet hat. Wer ihm die Spärlichkeit seiner Hinweise auf Steiner in seinen Hauptwerken ankreidet, erkennt nicht die dadurch gewonnene Wirksamkeit. Viele Leser lernen so Denkwege kennen, die anthroposophisch sind, ohne daß sie es bemerken. Im übrigen hat Barfield auf eigenen Wegen zu Erkenntnissen gefunden, die Steiners Werk kennzeichnen. Nichts ist wohl mehr im Sinne der *Philosophie der Freiheit* als eben diese Eigenständigkeit. Barfield hat seine Beziehung zu Steiner einmal so formuliert:

»Dieses atavistische Hellsehen, von dem Steiner spricht, ist nichts anderes als jenes bildhafte Bewußtsein eines in der Umgebung lebenden Bedeutungsgehaltes, eines Bedeutungsgehaltes, der in den Menschen eingedrungen ist und nicht aus ihm entstanden ist; auf ein solches Bewußtsein habe ich ja die ganze Zeit hinweisen wollen; der Unterschied besteht lediglich darin, daß ich am Schluß darauf gekommen bin, nachdem ich lange Zeit von den verschiedensten Gesichtspunkten aus die Existenz dieses Bewußtseins nachzuweisen suchte. Steiner fängt einfach damit an, bestätigt auf Grund eigener Erfahrung, daß ein solcher Bewußtseinszustand tatsächlich einmal existiert hat, und dann baut er alles Weitere auf dieser Grundlage auf.«

Um noch einmal auf die Tomate zurückzukommen: Sie kann nun als Inbegriff des Götzendienstes gesehen werden, als Konsequenz eines nicht-partizipatorischen Wissens. Die Sinne, die vor dem Glanzprodukt aus der Intensivstation zurückschrecken, enthalten jedoch noch Spuren jener partizipatorischen Wahrnehmung. Die Sinne selbst können so Anlaß werden zur Kritik an einer Welt, in der Phänomene nur noch simuliert werden. Wo alles nur noch fabriziert wird und auch das Biologische immer mehr menschlicher Steuerung unterliegt, da verschwindet eine wesentliche Polarität, nämlich die zwischen Wachsen und Machen. Wer aber die Polarität allen Geschehens erkannt hat, wird sich fragen müssen, was denn die neue Polarität sein wird in einer Welt, die bald nur noch gemacht ist.

Die Tomaten mögen für uns reif sein, wir scheinen aber noch nicht für die Tomate reif zu sein. Es ist eine Erkenntnis, die aus Barfields Denken erwächst, daß jede Erweiterung der Machbarkeit eine Entwicklung menschlicher Eigenschaften erfordert, für die wir weder erzogen noch ausgebildet werden. Die Struktur von Gesellschaft und Wissenschaft steht dieser Entwicklung vollends feindlich gegenüber. Erwin Chargaff, der Biochemiker mit der scharfen Zunge, fand dafür folgende Worte:

»Viele Forscher haben die moralische Statur, die sie dazu berechtigt, Chloridbestimmungen im Urin auszuführen; und dabei sollten sie bleiben. Selbst die Messung sehr schneller Enzymreaktionen erfordert keine ethischen Giganten. Aber von Leben und Tod soll man die Finger lassen, und die Zukunft der Welt ist in besten Händen, wenn sie in niemandes Händen ist.«

Diaphanien

Zum Werk von David Jones

T.S. Eliot sah 1961 in seinem Vorwort zu David Jones' *In Parenthesis* voraus, daß dieser Autor demselben Schicksal zufallen würde wie die anderen Vertreter der literarischen Moderne, also James Joyce, Ezra Pound und T.S. Eliot selber. Die nächsten zwei Jahrzehnte sollten ihm recht geben; das Werk von Jones wurde mehr und mehr als Terrain entdeckt, in dem die Bewohner des byzantinischen Turmes namens Geisteswissenschaft mit Ausgrabungen, Marginalien, Fußnoten und Studien ihre Spuren zu hinterlassen begannen. Wie fragwürdig diese Tätigkeit oft auch sein mag, so legt sie doch allmählich die Umrisse eines Werkes frei, das erratisch, rätselhaft und darum vielleicht auch ratgebend in der Landschaft steht. Geprägt von Komplexität und Dunkelheit zugleich, von geschichtsphilosophischem Entwurf und epischer Bewegung, ist es Fragment, endlos sich fortschreibendes, keltisches Ornamentgefüge, Verschachtelung, gelehrter Spaß, Poetologie und neu sich definierendes Christentum in poetisch fortgeschrittener Technik. Die kompositorische Leistung, die sich mit derjenigen der anderen Modernisten messen kann, gipfelt in dem Versuch, all diese Ebenen durchscheinend zu machen in gegenseitiger Durchdringung und Überlagerung und so Diaphanien im Leser zu erzeugen.

David Jones wird 1895 als drittes Kind englisch-walisischer Eltern in Brockley (Kent) geboren. Die ersten künstlerischen Neigungen gelten dem Zeichnen und Malen (erhalten ist das charakteristische Bild eines Bären), und so studiert er vom 14. Jahr bis zum Ausbruch des Ersten Weltkriegs an der Kunstschule von Camberwell. Die Malerei wird ihn sein Leben lang begleiten, während die sprachliche Erfassung des Wirklichen erst viel später einsetzt, nämlich gegen Ende der zwanziger Jahre (als Kind hatte er lange Schwierigkeiten mit dem Lesen und Schreiben). Die ersten Aufenthalte bei Verwandten in Nordwales, die Wahrnehmung einer anderen Sprache und Landschft, hinterlasseen tiefe Eindrücke, die für das künftige Werk bestimmend werden sollten.

Ein halbes Jahr nach Ausbruch des Krieges kommt er als Gefreiter in das 15. Bataillon der Royal Welsh Fusiliers, einem Regiment, dem zwei Autoren angehören, die das Bild dieses Krieges ebenfalls literarisch festhalten werden: Robert Graves *(Goodbye to All That)* und Siegfried Sassoon *(Memoirs of an Infantry Officer)*. Im Dezember 1915 wird Jones nach Frankreich eingeschifft und nimmt an der Somme-Schlacht teil, in der er verletzt wird.

Erst 1928 beginnt er mit dem Versuch, diese sechs Monate der Kriegsteilnahme literarisch zu reflektieren, in seinem ersten Hauptwerk *In Parenthesis*, das 1937 mit Unterstützung Eliots bei Faber erscheint. Daß dieses Buch fast zwanzig Jahre nach Kriegsende veröffentlicht wird, zwei Jahre vor Ausbruch des nächsten Krieges, macht es zu einer Ausnahme in der Flut von Literatur zum Ersten Weltkrieg. Eine Ausnahme, die dadurch akzentuiert wird, daß weitere wichtige Entwicklungen des Autors selbst in das Werk eingehen: »1917, irgendwo in der Nähe von Ypres, sah ich mich nachdenken über die katholische Tradition. Vier Jahre später, 1921, sah ich, daß ich nicht anders konnte, als mich dieser Tradition anzuschließen.« Im Krieg also beginnt die bewußte Hinwendung zum Christentum, genauer zum Katholizismus. Nach weiteren Kunststudien in London ergibt sich für Jones bald die Notwendigkeit, seine Kunst mit den religiösen Anschauungen zu verbinden. In der Gestalt des Bildhauers und Kulturkritikers Eric Gill findet er diesen Zusammenhang aufs schärfste herausgebildet und 1922 wird er in dessen Arbeits- und Lebensgemeinschaft in

Ditchling (Sussex) aufgenommen. Kapitalismuskritik, Urchristentum und Kunstausübung gelangen hier zu einer Einheit, wie sie zuvor in ähnlicher Weise von William Morris vorgelebt wurde. Unter dem Einfluß Gills fertigt Jones Buchillustrationen (so zu Coleridges *Ancient Mariner*), Holzschnitte und Aquarelle an, in denen sich aber auch schon Charakteristisches zeigt. Durch einen längeren Aufenthalt in Wales kann er Kenntnisse über die kymrische Kultur vertiefen, die seiner ›materia poetica‹ entscheidende Substanz zuführt. Insbesondere das *Mabinogion*, die walisische Sagensammlung über Heroen und Begegnungen mit dem Übernatürlichen, wird bestimmend für seine Malerei und die entstehende Dichtung.

Ungewöhnlich an den Aquarellen ist die Technik des Überarbeitens, insbesondere auch die Arbeit mit Weiß. Das Bild verdankt sich nicht der Spontaneität, sondern einem immens langwierigen Prozeß von Entwürfen und Korrekturen – ohne dadurch an Frische einzubüßen. Die vielfältigen Überschichtungen von Farben und Linien werden als Technik auch für das literarische Werk kennzeichnend, in dem der Prozeßcharakter des Schaffens und Wahrnehmens vergegenständlicht wird. Seine ›Methode‹ bezeichnet David Jones als ein Herumschmieren mit Wörtern, »die mir erhältlich sind, bis der betreffende Abschnitt etwas von der Form annimmt, die ich für notwendig halte, und das Bild hervorruft, das ich haben möchte.«

Zur Vorlage hat *In Parenthesis* sechs Monate Kriegsdienst, die der Gefreite John Ball erlebt, der aber nur teilweise Hauptfigur ist und oft in den Hintergrund gedrängt wird, ein Vorgang, der von der nicht bündelnden, sondern variierenden Erzähloptik verlangt wird (T.S. Eliot hob den musikalischen Charakter des Werkes hervor). Durch die wechselnde Perspektive entsteht außerdem der Eindruck eines unpersönlichen Geschehens, das in immer neuen Varianten wahrgenommen wird. Der Abmarsch der

Soldaten wird geschildert, das tägliche Leben in den Lagern, die Landung in Frankreich, Märsche, Nachtwachen, das Näherrücken des Krieges. Der siebte und letzte Teil führt in die Schlacht selbst: »Seven minutes to go... and seventy times to the minute.« Zu Beginn des mörderischen Gefechts werden noch einmal alle Motiv- und Erzählstränge vereinigt, die Schlacht wird zum Brennpunkt aller Schlachten, die je auf dieser Erde geschlagen wurden, von Jonathan und Absalom bis hin zu Roland und Arthur. Der Tod selbst geht als Hure über das Schlachtfeld: »But sweet sister death has gone debauched today.« Assoziationsströme der Soldaten vermengen sich mit solchen aus historischer, mythologischer und politischer Materie. Schon die Zeilenanordnung macht den ständigen Wechsel, die Verschmelzung und Distanzierung deutlich – nähert sich epischen Prosasätzen, verengt sich zu kurzatmigen Bruchstücken und abgehackten Fragen und strömt schließlich wieder breit aus.

Der Vorwurf, der Jones gelegentlich gemacht wurde, daß das Werk keine eindeutige Haltung gegen den Krieg einnehme, dürfte zu entkräften sein: Die langsame Heranführung an die Geschehnisse, das Schockmoment des letzten Teils wirkt als Miterlebtes im Leser stärker als jede Rhetorik gegen den Krieg. Fragwürdig ist eher der Versuch, mittels einer komplexen Anspielungstechnik den Krieg in einen historisch-mythologischen Rahmen zu projizieren, in dem er sinnvolle Züge für den Einzelnen und die Kultur anzunehmen scheint. Die Sinnerzeugung im Sinnlosen und Absurden kennzeichnet aber wohl den größten Teil aller Kriegsdichtung und deutet auf die psychologische Notwendigkeit der Bewältigung einer extremen Erfahrung hin. Die offene Form von *In Parenthesis* verhindert jedoch eine eindeutige und beruhigende Bezugnahme auf Sinn. Gleichzeitig ist hier das Problem jeglichen künstlerischen Schaffens betroffen: Sinn-Negation als leitendes Prinzip von Kunst läßt sich nur zeitweise durchführen und ist nur begrenzt aufzunehmen. David Jones betont im Vorwort, daß er *In Parenthesis* nicht als ›Kriegsbuch‹ geplant habe – es befasse sich eher zufällig mit dem Krieg. Daß im Krieg Dinge und Verhaltensweisen Konturen erhalten, die in einem schlechten Frieden nur weniger sichtbar vorhanden sind, bezeichnet eine erschreckende Kontinuität. Insofern radikalisiert die Darstellung des Krieges Momente einer allgemeinen Kulturkritik. Der Titel *In Parenthesis* verdeutlicht diese Kontinuität; die Parenthese bezieht sich zunächst auf die Zeit des Kriegsdienstes als einer abgehobenen Epoche. Zugleich weist sie auf ein Allgemeines »...because our curious type of existence here is altogether in parenthesis.«

In David Jones' zweitem und eigentlichem Hauptwerk *The Anathemata* (1952) intensiviert sich die Beziehung von Sinnlichem und Transzendenz. Ausgangspunkt ist die katholische Messe; mit den Worten aus der Liturgie beginnt das einzigartige Werk: »Schon und zuerst sehen wir, wie er dieses Ding zu einem anderen macht. Seine tastende Syntax, wenn wir aufmerksam sind, formt sich schon: Adscriptam, Ratam, Rationabilem... die heiligen und ehrwürdigen Hände erheben ein wirksames Zeichen.« In dieser Tätigkeit des Zeichensetzens ist der Bezugspunkt für das gesamte Werk Jones' gegeben. Viele seiner Essays (gesammelt in dem Band *Epoch and Artist*, 1959) meditieren in immer neu ansetzenden assoziativ-reflektiven Kreisen um das Kunstwerk als Zeichen. Weil die römische Kirche sich auf den Gebrauch von Zeichen versteht, wird ihre Liturgie für Jones von Bedeutung – der Zeichencharakter erlaubt eine Verbindung von Kunst und Religion. Deshalb sind Künstler und Priester von jeher verwandt gewesen und werden in einer Zeit, die die Bedeutung des Zeichenhaften nicht mehr erkennt und zuläßt, da sie dem Nützlichen geopfert hat, zu den Bewahrern einer verlorenen Zeichenwelt. Nicht aufgrund der Lektüre der modernen Linguisten, sondern vielmehr im Anschluß an Jacques Maritains theologische Kunstlehre *(Art et scolastique)* entwickelt Jones die Doppelnatur des ›signum‹: Das Zeichen ist sinnlich und verweist zugleich auf das Nichtwahrnehmbare, aber doch Existente. Es ist in der Hostie, im kirchlichen Ritual, in den heiligen Worten, in Skulptur und Gedicht erfahrbar und transzendent zugleich. Der Titel *The Anathemata* deutet das an. ›Anathemata‹ ist das Hervorgehobene, das geweiht ist und dem Bannfluch gleichermaßen unterliegen kann. In solcher Polarität entfalten sich die Wortrhythmen des Werkes. Immer diktiert die scholastische Devise die Technik: »Vom Bekannten gelangen wir zum Unbekannten.« So wird verhindert, daß das entstehende Panorama ins bloße, romantische Ungefähr entschwindet. Nach der Maxime Goethes muß das Endliche ausgeschritten, vermessen werden, um dem Unendlichen ein Bezugsfeld zu schaffen, den »great supernatural penetrations into history«, wie David Jones in seinem Essay über Joyce formuliert. (Eben diese Genauigkeit im Partikularen, die beispielsweise Archäologen an *The Anathemata* bewundert haben, die präzise Rekonstruktion von Raum, Zeit und Geschehen ist es, die ihn in Joyce sein größtes Vorbild sehen lassen.) Auch in der vulgärsten Obszönität sind ›signa‹ eines Anderen auffindbar, Exkrement und Sakrament sind nicht voneinander zu trennen, Profanes und Sakrales sind per definitionem aufeinander bezogen. Daher kann es für Jones keine ›zeitlose‹ Kunst geben. Vielmehr ist das Überzeitliche nur wahrnehmbar, wenn es Gestalt in ›nowness‹, in Jetztzeit, im Konkreten gewinnt.

So entwickelt sich in *Anathemata* im Koordinatensystem der Messe eine Bilderfolge höchster Musikalität, in der der schöpferische Prozeß des Einzelnen, des modernen Künstlers, sich einschreibt in den Zeichen hervortreibenden Kulturprozeß der ganzen Menschheit. Genauer: des Teils der Menschheit, als dessen Erbe sich ein heutiger westlicher Künstler sieht, sich Jones sieht, als Erbe einer West-Kultur nämlich, die vom Mittelmeerraum bis in den keltischen Nordwesten reicht. Der Anfang von *Anathemata* ist ein Wagnis und geht umfassend vor, indem er das Heraufkommen einer West-Kultur zeigt, in ersten stammelnden Artikulationen, in der Venus von Willendorf und gar in den geologischen Bewegungen selbst: ›West-Wind‹, ›West-Helen‹, ›West-cuckoo‹, ›West-light‹, ›West-academic‹, ›West-heart‹, ›West-technic‹...

In der Beschränkung auf den Raum des ehemaligen römischen Imperiums (das Parallelen zum britischen aufweisen soll) unterscheidet sich Jones von den kosmopolitisch ausgerichteten Modernisten wie Pound und Eliot (dem frühen). Die dahinter verborgene Absicht Jones' ist die geistige Durchdringung der Traditionen des abendländischen Erbes. Im Verlauf der chronologischen Bewegung verengt sich das Werk auf die britischen Inseln, deren mythische Substanz mit Chronos (Plutarch glaubte ihn dort) und Brut weit in die griechische Vergangenheit reicht.

Die Anrufung des Verlorenen schlägt sich immer wieder sprachlich nieder: Keltische, germanische und lateinische Worte durchsetzen inschriftartig den Text – Jones wurde ein Meister im Entwerfen von grafischen Inschriften –, umgeben Gegenstände, versehen sie mit Erinnerungen an eine Aura und machen sie zu universalen Zeichen. Die immense Gelehrtheit, mit der das Werk abgesichert ist und die sich in den umfangreichen Fußnoten des Autors zeigt, macht es nicht unlesbar. Für Jones ergibt sich die Notwendigkeit der Anmerkungen zur Archäologie, Religionsgeschichte, Philologie und Geschichte aus dem mangelnden kulturellen Bezugsfeld, in das sich ein avanciertes Kunstwerk heute stellen muß. Anders als bei Eliots Fußnoten in *The Waste Land* bieten die Informationen Jones' die Möglichkeit, bei wiederholter Lektüre einen Rahmen aufzubauen, in dem Verstehen einsetzen kann. Verschiebungen und

Überlagerungen erzeugen allmählich eine Transparenz, wie sie ihresgleichen sucht. Es entsteht eine Ahnung von makrohistorischer Bewegung, von einer verlorenen Denk- und Kultureinheit, die in einem Zeitalter universaler Zersplitterung kaum noch zu erinnern ist. In dieser Hinsicht, nicht nur von den Stoffen her, lebt *The Anathemata* auch aus mittelalterlichen Bezügen. Marshall McLuhan hat einmal ein Charakteristikum der Kunst dieser Zeit hervorgehoben, das sich sicherlich mit den Intentionen Jones' deckt: »Handschrift-Kultur und Gotische Baukunst beide verlangten nach Durch-Leuchtung, nicht Be-Leuchtung... Dieser Grundgedanke begreift die ureigene Struktur des mittelalterlichen Denkens und seiner Sensibilität, etwa in der Technik des ›Schimmerns‹, um das Licht aus dem Text-Innern scheinen zu lassen.«

Bei der Konzentration auf die britischen Inseln wird der Kontrast von Metropole (London) und Peripherie (Wales) deutlich – ein Kontrast, der ›signum‹ für weitreichende Gegensätze, deren Konflikte und Versöhnungsmöglichkeiten ist: von Geschichte und Mythos, von politischem Imperium und nach innen versunkener Kultur, von patriarchalischer Macht und matriarchalischer Inspiration. Andererseits ist London auch ein Ort mit Tradition und partikularer Gestalt, ist nicht nur anonyme Nekropolis. Die Schiffsmetaphorik in Verbindung mit London (Jones' Großvater war im Schiffsbau tätig) verweist zugleich auf eine universale Bedeutung. In dem Teil *The Lady of the Pool*, der sich auf ein Gebiet Londons bezieht, werden Vermittlungen zwischen den Bereichen angestrebt. Die Lady ist Cockney-Mädchen bis in die Sprache hinein, und dennoch oder gerade deshalb leuchten in ihr diaphan ganze Metamorphosenreihen von Frauenfiguren auf: archaische Gottheiten, Helena, Nymphen, Iphigenie, Flora Dea: »You never know, captain:/What's under works up.«

Ähnlich scheint an anderen Stellen in König Artus (dem

David Jones einen langen Essay widmet) eine Reihe von Kult-Heroen durch, die bis zu Christus gehen. Jede Gestalt, jeder Ort ist sowohl in sich selbst existent als auch zugleich bestimmt durch die Fülle der ›Ablagerungen‹, ›deposits‹, die Geschichte, Mythos, Politik, das kollektive Unbewußte in ihm hinterlassen haben. Jones' Fußnoten verhelfen der sorgfältigen Lektüre zur Wahrnehmung dieser unbewußt mitschwingenden Ablagerungen und verschaffen dem Leser ein überprüfbares Bezugsfeld.

Nach Aufenthalten in Buckinghamshire und Devon, nach Reisen in Frankreich und im Mittelmeerraum (letztere gegen seine chronische Schlaflosigkeit) und nach Nervenkrisen läßt sich Jones in Harrow bei London nieder, wo er zeitweilig in einem Pflegeheim wohnt. Während des Krieges entstehen große Aquarelle (*Aphrodite in Aulis, Epiphany 1941: Britannia and Germania Embracing*), auch später entstehen symbolträchtige, mit Metamorphosen spielende Bilder (*Flora in Calix-Light, Y Cyfarchaid i Fair*), die als Kommentar zu *The Anathemata* zu lesen sind.

Der bei aller Fülle dennoch fragmentarische Charakter von *The Anthemata* zeigt sich an den vielen Nebenarbeiten und fallengelassenen Strängen, die Jones vereinzelt oder gar nicht publizierte. Die Thematik des Hauptwerks setzt sich in den Bruchstücken fort, wird in bestimmten Bereichen allerdings auch vertieft, so insbesondere in Szenen und Bildern aus der keltisch-walisischen und römischen Vergangenheit. Unter dem Titel *The Sleeping Lord: and other fragments* wurden sie im Todesjahr Jones', 1974, veröffentlicht.

Aus dem hierin enthaltenen Text *The Tutelar of the Place* stammt das Gebet an eine weibliche Gottheit; es enthält die Summe der Kulturkritik des Dichters, die Keime seiner Poetologie:

When they proscribe the diverse uses and impose the rootless unformities, pray for us.

When they sit in *Consilium*
to liquidate the holy diversities
mother of particular perfections
queen of otherness
mistress of asymmetry
patroness of things counter, parti, pied, several
protectress of things known and handled
help of things familiar and small
wardress of the secret crevices
of things wrapped and hidden
mediatrix of all the deposits
margravine of the troia
empress of the labyrinth
receive our prayers.

(Wenn sie verbieten die verschiedene bräuche und auferlegen/die wurzellosen einförmigkeiten, bitte für uns./Wenn sie im *Consilium* sitzen,/um zu liquidieren die heiligen verschiedenheiten/mutter besonderer vollkommenheiten/königin des andersartigen/herrin der asymmetrie/patronin der dinge, die da sind gegen, teils, bunt, eigen/beschützerin der dinge, die vertraut und klein/wärterin der geheimen spalte/der dinge, die verhüllt und versteckt/vermittlerin aller ablagerungen/markgräfin der troja/kaiserin des labyrinths/nimm an unsere gebete.)

Planetarisches Denken

Zur Kulturkritik von Friedrich Georg Jünger

1

In diesen Zeiten, in denen ein Kultbuch das andere jagt, also ein nicht-gelesenes Buch vom nächsten abgelöst wird, und die Halbwertzeiten des Geschriebenen im Gegensatz zu denen der abgelagerten Radioaktivität sich auf Tage beziffern lassen, in solchen Zeiten ist es vielleicht nötig, an einen Autor zu erinnern, dessen Diagnosen aus den dreißiger und vierziger Jahren erst heute ihre ganze Tragweite erkennen lassen. Frisch und lesbar sind seine Schriften geblieben, insbesondere aber ein Buch, das nicht zum Kultbuch, wohl aber zum Leitfaden heutiger Technikkritik werden sollte.

Friedrich Georg Jünger (1898-1977) stand von jeher im Schatten des großen Bruders Ernst, mit dem ihn vieles verband, von dem ihn aber auch manches trennte. Auch wenn er in den zwanziger Jahren dessen national-konservative Linie verfolgte, von 1928 bis 1935 dann zum hitlerfeindlichen Kreis um Ernst Niekisch gehörte, so hat er sich doch nie im gleichen Maß politisch engagiert. Während der inneren Emigration in der Nazizeit schrieb er seine ersten kulturphilosophischen Schriften, in denen die Kritik am herrschenden Regime einhergeht mit einer fundamentalen Analyse des modernen Lebens schlechthin. Diese Überlegungen gipfelten in seinem Hauptwerk *Die Perfektion der Technik* (1939 geschrieben, erweiterte Ausgabe 1953, hier: PT). In schneller Folge entstanden in Überlingen am Bodensee neben lyrischen und erzählerischen Werken zahlreiche Essays: *Orient und Okzident* (1948), *Nietzsche* (1949), *Griechische Mythen* (1957), oder *Die vollkommene Schöpfung* (1969).

So entlegen die Themen scheinen mochten, Jünger bezog sie letztlich immer wieder auf die Situation des westlichen Menschen im 20. Jahrhundert, auch wenn es, wie im Aufsatz über Gärten im Abend- und Morgenland, darum ging, an verlorene Kultur zu erinnern, an Lebensart, -genuß und -stil, wie sie undenkbar geworden sind. Ein Hang zum Aristokratischen, zu einem Lebensideal, das nicht mehr zu erneuern wäre (und für das andere Klassen bezahlen mußten), macht sich dabei geltend. So sehr diese Neigung zu kritisieren ist, so ermöglichte sie andererseits die kritische Energie in der Reflexion auf das moderne Leben – ähnlich wie die kritische Theorie der Frankfurter Schule ohne den großbürgerlichen Hintergrund ihrer Vertreter wohl kaum denkbar war. Der Splitter im eigenen Auge ist, wie Adorno notierte, das beste Vergrößerungsglas – im Glücksfall. Jüngers Kritik mündete Anfang der siebziger Jahre in die breite Strömung des ökologischen Denkens. Er war Mitbegründer der hellsichtigen Zeitschrift *Scheidewege* und stellte in ihr so etwas wie das künstlerische Gewissen dar.

Schon der Vergleich der Titel *Der Arbeiter* und *Die Perfektion der Technik* (zunächst als *Die Illusion der Technik*) deutet einen ersten Unterschied zwischen zwei entscheidenden Büchern der Brüder Jünger an. Wo der Ältere, Ernst, eine mythische Figur konstruiert, eben den Arbeiter, der nichts mit dem Proletariat oder überhaupt einer konkreten Person zu tun hat, bleibt Friedrich beim sachlichen Terminus »Technik«. Kein Versuch einer metaphysischen Erhöhung wird unternommen, auch wenn Mythologie am Ende als letzte Deutung angeboten wird; das Phänomen ergibt sich zunächst aus einer geduldigen und sachhaltigen Beschreibung. Es wird dem Leser überlassen, metaphysische oder geschichtsphilosophische Schlußfolgerungen zu ziehen. Weiterhin vollzieht sich Ernst Jüngers Überhöhung von Technik zur planetarischen Figur im Rahmen eines gespaltenen Bewußtseins, das diese Spaltung stilistisch reflektiert. Streckenweise führt dies zur euphorischen Bejahung des technischen Übermenschen; und während er die neue

Welt begrüßt, verfällt er in den übelsten Nationalismus. Wenn Ernst Jünger sich später als Seismograph bezeichnete, auf den man einschlug, weil das Erdbeben eintraf, so ist dem ein Wort aus Thomas Manns *Doktor Faustus* entgegenzuhalten: »›Es ist interessant, es ist sogar gut einfach dadurch, daß es das Kommende ist‹... Es war aber ein Schwindel in der Freude an der Erkenntnis: sie sympathisierten mit dem, was sie erkannten und was sie, ohne diese Sympathie, wohl gar nicht erkannt hätten.« Nichts von dieser Sympathie und hypnotischen Faszination in Friedrich Georgs *Perfektion der Technik:* Erkenntnis verdankt sich hier dem Leiden an der Negativität. 1947 gestand ihm der Marxist Stephan Hermlin zu, es sei »ein mit vollkommenem Ernst vorgetragenes und ernstzunehmendes Buch... Es ist ein tragisches Buch.«

3

Folgendes Paradox ist zunächst festzuhalten: Wurde und wird Technik eingeführt, um Arbeit zu ersparen, so hat doch mit ihr der gesamtgesellschaftliche Aufwand an Arbeit unsichtbar zugenommen. Arbeit ist universal geworden. Denn in die Entwicklung eines jeden technischen Apparates geht selbst wieder Arbeit hinein: »Die Flaschenmaschine, der mechanische Webstuhl und die Dreschmaschine sind nur Endprodukte eines umfassenden technischen Prozesses, in dem ein ungeheures Quantum Arbeit enthalten ist.« (PT 17) Aus heutiger Sicht wäre das noch zu ergänzen. Nicht nur, was an vergangener Arbeit in ein Produkt geht, sondern auch, was an zukünftiger Arbeit enthalten ist, muß ins Kalkül einbezogen werden: Das nämlich, was wir mit unseren Entwicklungen künftigen Generationen an Vernichtungs-, Endlagerungs-, Entsorgungs- und Wiederaufbereitungsarbeit zumuten, an dem also, was durch Reparatur, Speicherung und Auflösung anfällt. Der Arbeitszusammenhang, den die fortgeschrittene Technik herstellt, wird immer dichter und zwar auf planetarischem Maßstab; kein Element mehr ist für sich. Jünger: »Es gibt kein technisches Fabrikat, das nicht die gesamte technische Organisation berührte.« (PT 7) Arbeitslast verschwindet nicht durch Modernisierung wie auf Zauberspruch, sondern wird verlagert, auf zukünftige Generationen, auf die ausgebeuteten Klassen und Völker: [Dann sieht man,] »daß jeder Fortschritt in der Mechanisierung eine Vermehrung in der manuellen Arbeit zur Folge hat. Wer daran zweifelt, der bedenke, daß die Methoden unserer Arbeit nicht auf ein Volk, auf einen Kontinent beschränkt sind, daß sie alle Völker der Erde sich dienstbar zu machen streben und daß ein Hauptteil der harten und schmutzigen Arbeiten auf die Schultern von Menschen gewälzt sind, die die technische Organisation nicht ersonnen haben.« (PT 18) Letztlich wird eine Aufrechnung schwierig bleiben. Wichtig jedoch ist, daß das Verhältnis von individuellem und gesellschaftlichem Quantum an Arbeit sich rapide verändert hat. Daß Jünger dabei den Faktor Arbeitslosigkeit übersieht, stellt ein Defizit in seiner Argumentation dar.

Ein zweites Paradox lautet: Bei aller Ausrichtung der Arbeit auf Akkumulation, auf Bereicherung ist sie doch ein Symptom des Mangels. Jünger versteht Reichtum in einem umfassenderen, über das Ökonomische hinausgehenden Sinn, als eines »Mehr an Freiheit«, als Sein im Überfluß – eine Parallele findet sich in Erich Fromms Konzeption von Sein und Haben. Jünger schließt, es mache keinen Unterschied, in wessen Händen der technische Apparat sei – in den Händen von Kapital, Proletariat oder Staat –, denn es sei die Organisation der Technik selbst, die unweigerlich Mangel erzeuge, eine ihr ganz spezifische Form von Armut.

4

Die Organisation, mit der Technik sich durchgesetzt hat, drängt von jeher darauf, alles Unorganisierte in ihren Bereich zu absorbieren. Gerade die noch nicht erfaßte Natur wird zu einem ausersehenen Objekt. Weitsichtig wies Jünger vor vierzig Jahren auf den Walfang als Beispiel von »Raubbau«: »Denn es hat etwas Widriges, daß der Mensch die ungeheuren Meeressäugetiere, welche die Macht und der Überfluß und die Heiterkeit des Elements verkörpern, nur mit dem Gedanken verfolgt, sie zu Seife und Tran zu verkochen.« (PT 25)

Technischer Fortschritt ist unauflösbar mit einem Zuwachs an Organisation und Bürokratie verbunden. Hermlin kann nicht umhin, hier eine unzulässige Verallgemeinerung Jüngers festzustellen: »Die Halluzination Jüngers ist an manchen Stellen außerordentlich, etwa, wenn er von der Rationalisierung und dem Wachsen der Bürokratie spricht. Aber hier entspricht seine Vision einer bestimmten Realität. Ohne Erbarmen wird hier das Gesicht des Dritten Reiches vorgewiesen.« In der Tat dürfte für die meisten Überlegungen Jüngers das Naziregime als Ausgangspunkt gedient haben, weil sich in ihm universale Tendenzen in ihren Extremen zeigten, gleichsam in Endzuständen. So auch der ungeheure Raubbau an Natur und Menschen für die Zwecke einer Organisation, deren Forderung nach »Lebensraum« symptomatisch war.

Unter dem Zugriff von Organisation wird die menschliche Gesellschaft selbst zu einer Maschine, die in sich und um sich Verwüstung erzeugt, um fortbestehen zu können. Gleichzeitig wächst die Bedeutung des Musealen, sei es in der Innerlichkeit und der Sentimentalität der maschinenbesessenen Nazis, sei es in den von uns zu Lehrpfaden erklärten Waldwegen. »Die Erweiterung des musealen Bestandes ist deshalb ein Kennzeichen dafür, daß zerstörende Vorgänge am Werk sind.« (PT 30)

Unterdessen strebt die Maschine weitere, perfekte Autonomie an. Die Wirtschaft selbst hat sich der Technizität zu unterwerfen. Die technische Rationalität des Arbeitsvorganges wird geradezu wichtiger als der Gewinn, den er abwirft (PT 35); denn die technische Ratio enthält letztlich eine »Mißachtung aller Ratio« überhaupt. (PT 142)

5

Der Automatismus, das vorgetäuschte Leben der Apparate, schlägt sich insbesondere in unserem Verhältnis zur Zeit nieder. Wo der Arbeitsprozeß quantitativ Zeit abwirft, zwingt er die meisten, die gewonnene Zeit totzuschlagen. Der erste Automat mit Erfolg war die Uhr. Sie diente dazu, die »wilden« Zeiten zu zähmen, sie gleichförmig zu machen und der Norm zu unterwerfen. Kein Zufall, so Jünger, daß die Kalvinisierung Genfs und die Entstehung der dortigen Uhrenindustrie (1587) zeitlich zusammenfallen. Die Uhr wird zum Schlüssel für die Angliederung der Menschen an die Maschinenzeit. Die Zeit wird aus ihren vielfältigen Lebensbezügen herausgerissen und einem linearen Prinzip eingezwungen. Während es fragwürdig ist, ob in der Natur je zwei Vorgänge gleichförmig sind, wird nun Zeit gleich Zeit. Die Organisation der Zeit greift in das Innerste menschlicher Psyche und nimmt sie so in den Bann der Weltmechanik. Messung und Normung sind die Tätigkeiten der Vereinheitlichung. Sie tragen zur Auswechselbarkeit und Berechenbarkeit von Dingen, Tätigkeiten und Menschen bei.

»Mechanik und soziale Organisation« greifen unaufhörlich ineinander über.« (PT 87) Etwa zur gleichen Zeit, als Orwell auf einer schottischen Insel seinen Zukunftsroman niederschrieb, notierte Jünger die Gefahren des Zentralismus, der allem Technischen eigentümlich sei. In der Wohnmaschine lebt der moderne Mensch in vollkommener Abhängigkeit von äußeren Instanzen; die vielen Schaltstellen und Anschlüsse beweisen dies. Und aus dem Radio könnten eines Tages statt Schlager »auch ganz andere und rauhere Stimmen ertönen, Stimmen, die ihm befehlen, aufzustehen, an die Arbeit zu gehen und Dinge zu treiben, die ihm weniger lieb sind.« (PT 92)

6

Die Auswirkungen technischen Denkens untersucht Jünger an den verschiedensten Phänomenen. Der Funktionalismus – das Bestreben, alles durch Funktionen erklärbar zu machen – erscheint dabei als die Grundfigur des neuen Menschenbildes. Zur Funktion werden Ernährung (die Erfindung der Margarine im Jahre 1869 – eine technisch-militärische Errungenschaft); das Wohnen in Wohnapparaten; die Wissenschaften mit ihrer Spezialisierung als Zulieferer für die Megatechnik. Und auch das Recht (Jünger hatte eine Ausbildung als Jurist), das den technischen Funktionen sich zu beugen hat: »Der Techniker bekämpft gerade die eigentümliche begriffsbildende Kraft der Rechtswissenschaft« (PT 98) und assoziiert sich mit allen Bemühungen, das formelle Gesetzesrecht aufzulösen – so in der Nazizeit durch die Unterwerfung unter den »dynamischen Volkswillen«. Auch wir folgen zunehmend funktionalen Gesichtspunkten, wenn wir unsere Ernährung nach Wirkstoffen, Vitaminen und Kalorien einnehmen: »Es kann gar kein Zweifel darüber sein, daß die biologischen Ernährungs-Theorien und Ernährungs-Praktiken eben dort entstehen, wo die Ernährung die größten Schwierigkeiten bereitet, in den großen Städten also, in denen der technische Fortschritt am weitesten gediehen ist. Ihr spezifisches Kennzeichen ist es, daß sie mit dem Anspruch auftreten, vorhandene Störungen und Schäden zu beseitigen, nicht dadurch, daß sie frische, gute, kräftige Nahrung herbeischaffen ... sondern dadurch, daß sie den Invaliden der Arbeitsorganisation Surrogat-Stoffe zuführen.« (PT 10) Der rücksichtslose Eingriff in alle verfügbaren Ressourcen und die Unterwerfung unter Funktionen des Apparats betrifft nicht zuletzt die Kultur. Der Leistungssport entspricht einer totalen Mobilmachung des menschlichen Körpers und vollzieht an ihm, was der Krieg von der Gesellschaft als ganzer fordert.

Die Medien – und hier zeichnet Jünger etwas nach, was Adorno den »universalen Verblendungszusammenhang« nennt – binden die imaginativen Kräfte der Massen noch enger an die Apparatur. Jünger zeigt dies am Filmschauspieler, der Mimik, Gestik usw. an den Erfordernissen der künstlichen Augen auszurichten hat (PT 136). Noch deutlicher wird dies in einem Dialog seines Buches *Gespräche*, in dem es, blickt man über den Atlantik, geradezu prophetisch heißt: »Plötzlich taucht eine Welt mechanischer Vervielfältigungen um uns auf, plötzlich häuft sich um uns eine Welt der Kopien. ... Deshalb begreife ich, daß der Schauspieler, dieser nachgemachte Schauspieler, der die Bühne verlassen hat ... eine besondere Beziehung zur Technik hat ... Diese Maschinerie kommt ihm in einer Weise zugute, die sich nicht voraussehen ließ. Und er nutzt sie mit großer Geschicklichkeit. An ihm aber wird das Eitle der Maschinerie sichtbar, das an den Maschinen selbst nicht sichtbar ist. Es tritt in seinem Gesicht, in seiner Sprache hervor... Man merkt diesen Gesichtern an, daß sie gesehen sein wollen.«[1]

7

Wohin geht die Bewegung? Der Technik inhärent ist der Perfektionismus. Die vollständige Durchorganisierung der Wirklichkeit nach dem Prinzip Arbeit, die vollendete Naturbeherrschung führt nicht zu einer neuen geistigeren Welt. Vielmehr werden das »Triebhafte, Dumpfe, willenmäßig Unklare und geistig Verwirrte« zunehmen und einem blinden Elementarismus die Tür öffnen. Die Diagnose Jüngers deckt sich mit einer Erkenntnis der etwa gleichzeitig entstandenen *Dialektik der Aufklärung* von Adorno und Horkheimer: »Jeder Versuch, den Naturzwang zu brechen«, heißt es dort, »indem Natur gebrochen wird, gerät nur um so tiefer in den Naturzwang hinein.« Nach Jünger spiegelt der Automatismus die Willenlosigkeit und Ichschwäche der Menschen wider. Die Angleichung an die Apparatur wird im 20. Jahrhundert vollständig. Auch hier dürften Erfahrungen der Nazizeit ausschlaggebend geworden sein. Der Raubbau signalisiert, daß die Maschine »kein glückspendender Gott« ist »und das Zeitalter der Technik endet in keiner friedlichen Idylle« (PT 157) Auf lange Sicht hin ist die Verlustwirtschaft total.

Die wirkliche Dimension der Technik läßt sich jedoch möglicherweise mythologisch erfassen. Mit großer Anschaulichkeit entwirft Jünger den elementaren Charakter der neuen Ordnungen: »Mechanisierung und Elementarisierung sind nur zwei Seiten des gleichen Arbeitsvorgangs, sie bedingen einander« (PT 122). Das Wesen der technischen Dämonie – heute ist sie mit Mikroelektronik, Molekulargenetik und Atomtechnik unsichtbarer und wirksamer noch – liegt in der Vergewaltigung des Unorganisierten. Es zeigt sich in der »Saurierwelt« der Apparate, im Insektenartigen der Massenbewegungen, in den submarinen Zügen des Automatismus, wie er von E.T.A. Hoffmann oder Proust und T.S. Eliot wahrgenommen wurde. Wenn die Maschine nichts mit der freien Götterwelt zu tun hat, so ist sie aufs engste den Titanen verbunden (PT 123 f., 155). Deren vorgöttliche Welt ist eine der Ökonomie und Arbeit, der wie der nachgöttlichen Zeit Fest, Überfluß, Glück fremd sind; denn diese sind, wie Jünger in seinem Buch *Griechische Mythen* (einem der besten zum Thema) feststellte, Errungenschaften, die erst mit den olympischen Gottheiten aufkamen. Am deutlichsten zeigt sich die Verwandtschaft der Menschen mit den Titanen in der Figur des Prometheus. Prometheus und Hephaistos, der Schmied, sind Arbeiter; Mühelosigkeit und Grazie sind ihre Sache nicht. Wenn die griechischen Mythen in nuce Menschheitsgeschichte bewahren, dann gilt, daß die Titanen dort wiederkehren, wo die Götter geflohen sind und ein Vakuum hinterlassen haben. Das Werk Nietzsches mit seiner Entdeckung des Dionysischen ist sowohl Signal als auch Revolte gegen die neuzeitliche Titanenwelt der Arbeit. Die Romantik, in ihrem Prometheuskult schon selbst Reflex der Industrialisierung, macht weiterhin deutlich: »Der pure Wille ist Element und führt zum Elementaren zurück«, aus dem der Titanismus lebt.[2]

Muse, Spiel und Kunst werden unter diesen Vorzeichen zu Reservaten, in denen allerdings das Überleben menschlicher Möglichkeiten zu erfahren ist. Seien diese Ideale auch aristokratischer Natur unter den gegebenen Bedingungen, so tragen sie doch dazu bei, daß die Menschen sich an die alte griechische Idee des Maßes erinnern. Das wäre heute zu übersetzen: als Dezentralisierung, Suche nach übersichtlichen Lebensverhältnissen in kleineren Einheiten, als »small is beautiful«, als Rückzug zur sinnlichen Welt. In dieser Hinsicht weisen die Musen nicht nur Fluchtwege. Jünger sagt von seiner Kritik, sie sei »weit entfernt davon, der menschlichen Ratio selbst Feindschaft anzusagen. Nichts liegt ihr ferner als die romantische Negation der Technik ... Es gibt hier kein Zurück, es gibt nur ein Hindurch.« (PT 141) Vielmehr also geht es um ein Wiederherstellen menschlicher Ratio, die durch die technisch-instrumentelle Reduktion der Vernunft auf Rationalisierung also in Mißkredit geriet.

Jüngers Bild der Situation ist scharf gestochen, dunkel und bitter. Es läßt keine Illusionen zu und verdankt sich letztlich einem tiefen Skeptizismus, der auch die Möglichkeit politischer Kontrolle der Technik umfaßt. Wenn dem Fortschritt eine Chance beschieden ist, dann nur innerhalb eng gesteckter, in der Natur selbst begründeter Grenzen. So heißt es in seinem Spätwerk zur Entwicklung des Naturbegriffs, »daß ohne Ausbeutung weder das Leben noch das Zusammenleben zu denken ist. Sie ist tief im Menschen angelegt, und ihre offenen und versteckten Formen, die in der Familie beginnen, durchziehen das Dasein. Ausbeutung ist ein natürliches Anliegen und Bestreben der Menschen, und dieses in Grenzen zu halten, abzutun, das Verletzte wiederherzustellen und zu heilen ist eine Aufgabe, die nicht endet.«[3]

Jüngers Denken legt die Schlußfolgerung nahe: Die Ordnung des Perfektionismus, den die Technik bislang verkörpert, ist zu ihrem eigenen Untergang verurteilt, wenn es der Vernunft nicht gelingt, gerade auch das ihr Entgegenstehende, das Unberechenbare und Unorganisierte in seinem Recht zu belassen. Bleibt dieses naturnotwendige Chaos lebendig, so kann es Quelle von Zukunft bleiben, auch wenn es immer wieder Probleme aufwerfen wird. Wird das Chaos jedoch technisch soweit beherrscht, daß es wie ausgerottet erscheint, wird es das Lebenssystem als ganzes an einer unerwarteten Stelle zerstören – nämlich genau von der Mitte jener Rationalität aus, von der wir annahmen, sie könnte das Glück der Menschheit konservieren. Die Katastrophen, die uns die hochsensibelste Technologie bislang bescherte, weil sie den menschlichen Sinnen nicht mehr angepaßt ist, sind ein sicheres Indiz dafür. Es gilt letztlich, eine neue Technik zu entwickeln, die den Kompromiß zwischen Mensch und Natur erleichtert, um von der Utopie der perfekten Ordnung Abschied zu nehmen.

1 Jünger wird selten zitiert; die Sekundärliteratur ist entsprechend spärlich. vgl. u.a. Sigfried Bein, »Der Dichter am See. Zum 70. Geburtstag F.G. Jüngers«, *Welt und Wort* 23 (1968). Stephan Hermlin. »Über F.G. Jüngers *Die Perfektion der Technik*, in Hermlin, *Äußerungen 1944-1982*, Berlin 1983. Wolfgang Hädecke, »Die Welt als Maschine. Über F.G. Jüngers Buch *Die Perfektion der Technik«*, *Scheidewege* 3 (1980), 284-317. Vgl. auch die Debatte zwischen Max Bense und Helmut Günther über PT in *Merkur* 2 (1948). **2** Gespräche. Frankfurt/M. 1948, S.117. Zur Mediengeschichte macht Jünger noch eine merkwürdige Beobachtung. Ausgehend von den alten Daguerreotypien habe man den Eindruck, »als ob der Mensch damals noch schwerer photographierbar gewesen wäre... Denn es versteht sich, daß das photographische Verfahren erst dann erfunden werden konnte, als auch der Mensch photographierbar geworden war.« (PT 117). Parallelen zu Benjamins Begriff der »Aura« drängen sich auf. Eine weitere Beobachtung: »...jeder Film wird mit der Zeit komisch.« (PT 131). **3** *Griechische Mythen.* Frankfurt/M. 1957, S. 83f. und 118. **4** *Die vollkommene Schöpfung. Natur oder Naturwissenschaft?«,* Frankfurt/M. 1969, S. 260.

I'm nobody! Who are you?

Die Lyrikerin Emily Dickinson und Amherst

Auf den schmucklosen puritanischen Gräbern des Friedhofs, gleich hinter Ren's Mobil Station, sitzen entspannt ein paar Dutzend Leute und singen zur Gitarre: »Oh Emily Dickinson, words so fine, oh Emily Dickinson, friend of mine...« Danach sagt der eine oder die andere ein Gedicht auf, ein Japaner, eine Italienerin, zwei aus dem Ort, während die Zuhörer Ginger Ale schlürfen. Im heiter-melancholischen Plauderton löst sich die Veranstaltung auf, der Nachmittag schwebt davon: eine federleichte poetische Geisterbeschwörung, wie sie alljährlich in Amherst, dem College-Städtchen des westlichen Massachusetts stattfindet. Denn hier verbrachte die Lyrikerin Emily Dickinson von 1830 bis 1886 ihr Leben. Jedes Jahr am 15. Mai, ihrem Todestag, nähern sich der charakteristisch neuenglischen Villa auf Main Street heimlich rezitierende Gestalten, denn das beste Geschenk an ihrem Grab ist ein auswendig gelerntes Gedicht. Vom Haus durch die Hintertür folgt man dem Weg, auf dem ihr Sarg an jenem Maitag im Jahre 1886 zum Friedhof getragen wurde. Die Legende weiß, daß ihm ein Schwarm Schmetterlinge folgte. Vielleicht waren es aber ihre Gedichte, die so manches mit Schmetterlingen gemeinsam haben, seien es die zarten Ornamente und drohenden Augen, die Buchstaben des Todes und die Signaturen der Unsterblichkeit oder einfach das pulsierende Flügelschlagen. Wenn uns die Chaostheorie bescheinigt, daß ein bayrischer Schmetterling einen Taifun in China auslösen kann, so trifft dies sicher auf Dickinsons Gedichte zu. Zu Lebzeiten erschienen nur sieben Gedichte, die restlichen, über 1700, waren späteren Generationen vorbehalten, und erst mußte der Zweite Weltkrieg vergehen, bevor das ganze Ausmaß ihrer Genialität erkannt wurde und einen Wirbelsturm in der Forschung auslöste. Für ihre zeitgenössische Umgebung war sie die kleine Emily gewesen, die ›auch Gedichte schrieb‹, eine Exzentrikerin, die sich mehr den Blumen und Insekten widmete und sich aus der Gesellschaft zurückzog und allenfalls ihrem Vater, dem verehrten und gefürchteten, Brot backte und Gelees machte, denn »people must have puddings«, wie sie einmal bemerkte. Ein nicht ganz untypisches Schicksal des 19. Jahrhunderts, wert nur, dem Vergessen anheimzufallen, in das sie sich einzuüben schien. Den meisten war sie bald ein Geist zu Lebzeiten. Glücklich, wer ihr weißes Kleid, das heute noch zu besichtigen ist, durch die Dämmerung huschen sah. Mit Menschen verkehrte sie über Zettel und Zeichen. Als Emerson, der große Philosoph aus dem nahen Concord, einmal ins Nachbarhaus kam, um einen Vortrag zu halten, ging sie nicht hin. Mit Briefen, in denen sie wie in den Gedichten gnomischen Witz und Metaphysik mit häuslich-praktischer Weisheit verbindet, erhielt sie sich die Welt. Ihre Dichtung bezeichnete sie als »my Letter to the World.« Während sie für manche alteingesessene Amherster noch immer die eigenbrötlerische Jungfer ist, wird sie weltweit als größte amerikanische Lyrikerin gelesen und gefeiert.

Seit Studenten in den sechziger Jahren den Grabgang begannen, ist die Sitte zu einem festen Bestandteil des Jahreskreislaufs in dem College-Nest geworden, das bei aller Winzigkeit kulturelle Bedeutung errang. Noah Webster, der Vater des großen Wörterbuchs, lebte hier. Dickinsons Großvater begründete Amherst College, das heute zu den besten des Landes gehört; drei weitere Colleges und eine Universität befinden sich hier im Pioneer Valley am Connecticut, darunter Smith College, wo nicht nur Präsidentenfrauen wie Barbara Bush erzogen wurden, sondern auch Emily Dickinsons dichterische Nachfahrin Sylvia

Plath. In Amherst wohnte eine Zeitlang Robert Frost (eine alte Dame gibt sich unwissenden Besuchern gerne als Witwe des Dichters aus und zieht damit regelmäßig Aufmerksamkeit auf sich) und auch heute noch leben und lehren viele Schriftsteller und Schriftstellerinnen im Tal, so John Edgar Wideman an der University of Massachusetts oder Joseph Brodsky und Anita Desai am Mount Holyoke College, das Emily eine Zeitlang besuchte, bevor sie sich auf immer in das Vaterhaus zurückzog.

Inzwischen gibt es natürlich schon eine Dickinson-Industrie, die das Städtchen zu einem internationalen Knotenpunkt der Forschung gemacht hat. Vielleicht waren die Schmetterlinge hinter dem Sarg also Vorboten einer überaus wachstumsfreudigen Sekundärliteratur. Man hat in ihrem Werk Mystik ebenso entdeckt wie Religionskritik, man hat sie als frühe Feministin ebenso wie als späte Rokokodichterin gesehen. Ihre Verse finden sich in Kinder- und Lesebüchern, in Naturgedichtanthologien oder in philosophischen Werken. Eine ihrer bekanntesten Zeilen »I'm nobody! Who are you?« ist humoristisch ebenso wie existenzialistisch gedeutet worden. Eins ist aber sicher: Ihre besten Interpreten sind Frösche, Mücken und Mäuse, in die sie sich und andere gerne verwandelte. Kinder und Tiere verstehen ihre Dichtung, denn »sie wissen, aber sagen nicht«. Die Suche nach den verschollenen Geliebten Emilys wird wohl endlos bleiben. Fred Marks, der auf die Lyrikerin spezialisierte Antiquar von Amherst, erzählt von den vielen Kunden, die jahraus, jahrein Dickinson-Literatur suchen, einige von ihnen seien recht »spooky«, da sie sich schon selbst für »ED« halten. Besonders in Japan florieren die Studien zu ihrem Werk, und dort ist auch die lebendigste Dickinson-Gesellschaft. Es ist wohl vor allem die haiku-ähnliche Kürze der Gedichte, die zu der Vorstellung führte, man habe es hier mit einer Verwandten von Basho oder Issa zu tun. Bei aller Verschiedenheit der Traditionen – neuenglischer Puritanismus und japanischer Zenbuddhismus – springen doch immer wieder Funken über vom Atlantik zum Pazifik, wie hier:

...Kelch, Blatt und Dorn
An irgendeinem Sommermorgen,
Ein Fläschchen voll Tau, ein oder zwei Bienen,
Ein Windhauch, ein Rascheln in den Bäumen –
Und ich bin eine Rose!

Zur Industrie gehören inzwischen nicht nur ED-Poesiealben und andere Trivialitäten, sondern auch ein Krimi mit dem Titel »Is Emily Dickinson Dead?« von Jane Langton, die sich auf Thriller mit neuenglisch-literarischem Hintergrund spezialisiert hat. Die Autorin erhielt Hausverbot.

Bei der diesjährigen Grabbegehung war Eleanor Evans dabei, deren Urgroßvater zu den Sargträgern gehörte. Es war ihre Familie, die die Schmetterlingslegende überliefert hat. Das Lied, das wir am Grab sangen oder murmelten, stammte von Joann Duncanson, die durch die Schulen und Colleges zieht, um Emily Dickinson bekannt zu machen: »Ich hoffe, es verletzt Emily nicht. Wenn ich sterbe, werde ich sie das fragen«, bekannte sie. Es hat in der Tat etwas Paradoxes, das Werk und das Leben einer Frau im Gedächtnis zu bewahren, die so sehr das Verschwinden erstrebte. Ihre Gedichte erscheinen wie gymnastische Übungen des Kleinerwerdens und der Verflüchtigung:

Beendet, eh' begonnen –
Kaum war der Titel erwähnt,
Als aus dem Gedächtnis das Vorwort schwand:
Eine Geschichte, nie erzählt.

Den Wal im Auge

Hermann Melville und Arrowhead in Massachusetts

Die sanften, bewaldeten Berkshire Hills im westlichen Massachusetts: Wochenlang hatte ich sie aus meinem Bürofenster in Amherst in der Ferne gesehen, blaudunstig und verschwiegen, während im Vordergrund die Minutemen-Band ihre martialisch-aufmunternde Musik probte. Die Berkshires: nicht nur Skigebiet der Bostoner im Winter, sondern der *Lake District* der amerikanischen Literatur des 19. Jahrhunderts, in dem sich Longfellow, Holmes, Melville, Hawthorne, später Edith Wharton und der Maler Norman Rockwell aufhielten.

Die Berkshires – für mich auch ein Klangfeld, wenn ich an den feuchtheißen Sommertagen täglich »Tanglewood« im Radio hörte, den Namen der Sommerresidenz des Boston Symphony Orchestra. Tanglewood war das Ziel an diesem Tag, das rote Häuschen Hawthornes, das er von 1850 bis 1851 bewohnte (heute ist nur noch die Nachahmung zu sehen). Von seinem Posten im Salem Custom House entlassen und nach der Niederschrift von *The Scarlet Letter* zog er sich mit seiner Frau in die Einsamkeit zurück und schrieb in dieser ruhigen Umgebung *The House of the Seven Gables* und die *Tanglewood Tales* für Kinder. Lange hielt er es nicht aus: »Ich hasse die Berkshires aus ganzer Seele und hätte mit Freude gesehen, wenn die Berge eingeebnet würden.«

Höhe um Höhe, eine leuchtende Blätterwand nach der anderen entfaltete sich; *country stores,* einsame Tankstellen, Yankeeflaggen und Friedhöfe – wir kamen ins öde Pittsfield, das schon die Verlassenheit des Nachbarstaates New York ankündigt. Die bekannte Spießrutenfahrt zwischen Wendy-, Burger- und Ronald McDonald-Emblemen hatte wieder begonnen, da zeigte sich ein Pfeil nach links: »Arrowhead – Melville's House«. Tanglewood war aufgeschoben.

Ein großes weißes Haus, dessen Südfront nach Connecticut schaut. Melville wohnte dreizehn Jahre hier. Er taufte es »Arrowhead« wegen der vielen Pfeilspitzen, die die Bauern der Gegend beim Pflügen entdeckten, Überreste aus den Zeiten indianischer Jäger, Mohikaner wohl aus Lederstrumpf-Tagen. Im nahen Stockbridge wurde 1734 eine Mission gegründet, in der den Indianern weiße Wahrheit und Sprache eingeflüstert und ihnen ihr »barbarischer Dialekt« ausgetrieben wurde.

»Arrowhead« ist vielleicht der zentrale Ort in Melvilles Leben. Das Haus war der erste wirkliche Ruhepunkt in der Mitte eines bewegten Lebens. Melville war 31 Jahre alt, als er kam, und er hatte Weltreisen hinter sich. Mit 44 zog er von hier wieder fort. Nach den Erfolgen seiner Reisebücher *Typee* und *Omoo*, die ihm einiges Geld einbrachten, konnte er sich in »Arrowhead« seinem größten Werk widmen, in dem er die Abgründe der Phantasie und der Neuzeit abmaß: *Moby Dick*. Ein Projekt, mit dem er sich Schulden und die Mißgunst der Kritiker zuzog.

Aus dem Arbeitszimmer im oberen Stock schaut man über das nordwestliche Massachusetts auf den Mount Greylock. Der höchste Berg des Staates erhebt sich wie ein schweratmendes Geschöpf aus der Ferne. Von seinem Gipfel sind an klaren Tagen fünf Staaten zu sehen. Der Berg war es, der die schweifende Phantasie des Schreibenden immer wieder zum Zentrum seiner Geschichte führte. »Diesseits von Pittsfield«, schrieb Hawthorne, »sitzt Herman Melville bei der Gestaltung der gigantischen Konzeption seines weißen Wals, während die gigantische Gestalt von Greylock ihm entgegendämmert ins Fenster seines Arbeitszimmers.«

Melville empfand die Wälder nach Norden hin, die

heute so gut verschwunden sind, wie das Meer selbst, wogend, ungewiß, lebendig. Im Arbeitszimmer reihen sich düstere Bände in den Glasschränken, Shakespeare vor allem, *das* Vorbild überhaupt: Erinnerung daran, daß *Moby Dick* wie kaum ein zweites Buch aus anderen Büchern zusammengesetzt ist. Auf dem Tisch die bekannten Fossilien, die materiellen Abdrücke eines Schriftstellerlebens: Federn, Stifte, die Brille. Und der Schlüssel zum Zimmer, ein sakrales Objekt in sich selbst; das Mittel, sich von der lärmenden Außenwelt abzuschirmen, den flüchtigen Gebilden eine Chance von Haltbarkeit zu geben.

Frühmorgens begann er zu schreiben, bis etwa halb drei. Danach konnte das Familienleben beginnen, Arbeiten am Haus, im Garten, Spaziergänge, Besuche. Abende am Kamin auch, mit dem es seine eigene Bewandtnis hatte, denn Mrs. Melville wollte ihn abreißen lassen, weil er so unmodern geworden war. Herman erhielt ihn sich mit einer Geschichte – »I and My Chimney«. Zu sehen ist heute auch noch die von Melville geplante, nach Norden gehende Veranda (»Piazza«), viel belächelt von den Nachbarn, da jeder nun mal zur Sonnenseite hin baute.

Das Bild vom Einsiedler ist aber nur teilweise richtig. Mit der Familie und den Verwandten im Haus – der heutige Besucher fragt sich, wo sie alle unterkamen – gab es genügend Geselligkeit. Zudem kamen Freunde aus New York, Kostümparties und nächtliche Ausflüge waren nicht selten. Bei einer solchen Gelegenheit, einer Besteigung des nahen Monument Mountain, kam es zu einer für die amerikanische Literatur wichtigen Begegnung: Am 5. August 1850 lernten sich Melville und Hawthorne kennen und wurden Freunde. Der ältere Hawthorne erkannte als einer der ersten die Bedeutung Melvilles zu einer Zeit, als dessen Stern beim Publikum zu sinken begann. Nicht nur dem eigenen, sondern auch dem Zenit seines Zeitalters näherte sich Melville in diesen dreizehn Jahren.

Kosmos der Nähe:

Gilbert White in Südengland

Vor der Dorfkirche St. Mary's stieß ich auf den gewaltigen Stumpf einer massiven Eibe, die mich zum erneuten Mal auf dieser Reise daran erinnerte, welche Einbrüche die Stürme von 1987 und 1990 über Südengland verursacht haben. In Brighton erwischte es den Royal Pavilion mit seinem gerade mühsam restaurierten Musikzimmer; weiter westlich in Sussex den berühmten Landsitz Uppark, in dem H.G. Wells Teile seiner Jugend verbracht hatte und das in seinem prophetisch-komischen Roman *Tono Bungay* (1909) als Bladesover erscheint. Und nun, wenige Kilometer weiter, die mehr als tausendjährige Eibe des Dörfchens Selborne in Hampshire. Auch sie hat ihre Spur in der Literatur hinterlassen: Der Unterpfarrer Gilbert White (1720-1793) erwähnt sie in seinem Buch *The Natural History and Antiquities of Selborne* (1789).

Dieses Buch, eine Sammlung von Briefen an zwei Korrespondenten, ist allerdings keine der unzähligen, beliebigen Dorfchroniken, die nur noch Archivare und den Kirchengemeinderat interessieren. Seit dem 19. Jahrhundert wird es in der gesamten englischsprachigen Welt gelesen und nimmt auf der Liste der meistverkauften Bücher in Englisch Platz vier ein; über hundert Ausgaben sind seit dem Erscheinen zu verbuchen. Es hat geradezu einen Gilbert-White-Kult ausgelöst, auf den auch ein Teil der ökologischen Bewegung Englands und Nordamerikas zurückgeht. Schräg gegenüber von St. Mary's steht sein Haus *The Wakes*, das heute als Museum für White sowie zwei Forschungsreisende eingerichtet ist (einer von ihnen, Lawrence Oates, ging mit Scott am Südpol zugrunde). In *The Wakes* verbrachte der Junggeselle sein Leben, nach Reisen und Studium in Oxford. Er hatte am falschen College studiert, so daß er nur Unterpfarrer des Nachbardorfs Farringdon werden konnte. Die Kirchenarbeit dürfte nicht übermäßig anstrengend gewesen sein, denn sie ließ ihm Zeit zu langen täglichen Gängen, auf denen er die Natur von Selborne belauschte und beobachtete, um sie in seinen Tagebüchern und Briefen akribisch zu beschreiben. So wissen wir heute, wieviel Zentimeter Regen von 1779 bis 1787 fiel und welche Arten von Grillen und Mäusen damals existierten und heute ausgestorben sind, wir kennen den Beginn der Brutzeit und die Dauer des Aufenthalts sämtlicher Vögel der Gegend. White hatte scharfe Augen, ein gutes Ohr, und er konnte jeden einzelnen Gesang eines Vogels wunderbar nachahmen.

Während seine Kollegen in die Ferne schweiften, um aus entlegenen Gebieten und den Kolonien Flora und Fauna herbeizuschiffen und zu untersuchen, begnügte sich White mit seinem Selborne und dessen Umgebung. Die Nähe, die Beobachtbarkeit und die Zugänglichkeit des Milieus, die Möglichkeit, die Dinge und Wesen ohne großes Instrumentarium oder riesige Bibliotheken zu beschreiben, faszinierte ihn. Eine Bindung an alles Nahe: Nicht einmal an die Zugvögel mochte er glauben; er wollte einfach nicht, daß Mauersegler und Mehlschwalbe sich in die Ferne begäben und notierte befriedigt, wenn er mal wieder ein Indiz dafür hatte, das auf ihr Überwintern in Höhlen oder unter dem Wasser schließen ließ. Vielleicht hing diese Ablehnung der Ferne auch einfach damit zusammen, daß er ›coach-sick‹ war, daß ihm beim Kutschefahren übel wurde. Indem er aber Augen, Nase und Ohren auf die nächste Umgebung richtet, erkannte er vor aller Zeit so etwas wie ökologische Zusammenhänge, das Wirtschaften der Natur. Es faszinierte ihn zu sehen, wie alles Leben sich miteinander entwickelt, auseinander hervorgeht und nur im Kreislauf lebensfähig ist. Das war kein romantischer Ganzheitskult, sondern ein Glaube an die natürliche Weisheit der Dinge, die im Grunde göttlich gelenkt waren: Was das Vieh in den Teichen und Sumpfwiesen von Selborne an Kot fallen ließ, diente den Insekten, und diese dienten wiederum den Fischen. Gerade die kleinsten Wesen hatten große Aufgaben in diesem Kreislauf. Hundert Jahre vor Darwins wichtiger Studie über den Regenwurm erkannte White die bedeutende Rolle dieses Winzlings für die Erde.

Aber es ist nicht nur das Buch, das heute noch viele Besucher nach Selborne bringt. Der Ort mit seinen reetgedeckten Häusern ist bestens erhalten, und White hat vieles mitgestaltet, was heute gut zu erwandern ist. Sein Garten führt in eine englische Parklandschaft komplett mit Haha (sic!) (einer verdeckten, Aha-Rufe verursachenden Grenzmauer), Sonnenuhr und Obstgarten: gepflegte Wildnis mit Blick auf den Hanger, den bewaldeten Hügel. Auf diesen führt ein von White angelegter Zickzackweg, eine Einladung zum Verweilen und Einatmen der grünen Landschaftswellen Hampshires. Gut markiert sind auch die Fußpfade, die der Pfarrer regelmäßig auf seinen botanisch-zoologischen Gängen beschritt; wer sich verirrt, findet sich vielleicht im nahen Chawton wieder, wo Jane Austen lebte.

Das Phänomen Selborne – Dorf, Landschaft und ein Autor, der wie Goethe den Weg von der Naturforschung in die spezialisierte Naturwissenschaft nicht gehen wollte – führte im 19. Jahrhundert zu einem wahren Kult. Auch Darwin pilgerte nach Selborne, und um 1900 klagte W.H. Hudson, ein literarischer Nachfolger Whites, in seinem Naturbuch *Hampshire Days*, Selborne werde von touristischen Ignoranten auf Fahrrädern überfallen. Die Tradition des Natur-Essays, die sich in den englischsprachigen Ländern viel stärker als bei uns findet, geht zum guten Teil auf Whites Buch zurück: man denke an Richard Jefferies, Edward Thomas oder John Stewart Collis in England, an Henry David Thoreau, John Muir oder Edward Abbey in den USA. Selborne verwandelte sich als Kontrast zu Industrialisierung und Verwissenschaftlichung in einen arkadischen Traum, in das Symbol einer Zeit, die der allgemeinen Beschleunigung enthoben war. Dieser Hort der Stabilität steht am Ursprung nicht nur der ökologischen Bewegung, sondern auch der Träume eines Morris' oder Tolkiens, der Idyllen des englischen Kinderbuchs und des National Trust mit seinen musealen Häusern, Parks und Duftbeuteln. In *The Wakes* ist ein Gegenstand ausgestellt, der diese Rettungsversuche verbildlicht. Es ist eine Laute, die zum Teil aus dem Holz jener entwurzelten Eibe gemacht wurde. Den Rumpf vor der Kirche hat man übrigens wieder eingepflanzt – nicht ohne zuvor eine Zeitkapsel unter die Wurzeln zu versenken, wie man sie gerne Satelliten und Raumfahrern zusteckt. Mit dabei ist die Taschenbuchausgabe von *The Natural History.* In fünfzig bis hundert Jahren, wenn höhere Gewalt den Baum wieder herauswirft, wird dieses Buch von einer anderen Welt berichten, noch fremder, schöner und verlorener, als sie heute schon erscheint.

Literatur: Gilbert White, *The Natural History of Selborne,* hg. von Richard Mabey, Penguin Books.

Geruch des Ostens

Rudyard Kiplings Reisebriefe aus Japan

Japan im Jahre 1889: eine gärende Gesellschaft, die Reformen der Meiji-Politiker, die den Feudalismus abschaffen, sind im vollen Gange. Armee, Gesundheitswesen, Bildung, Staatsordnung werden von Grund auf neu aufgebaut, mit zahllosen Anleihen im Westen. Ein Vierteljahrhundert zuvor hatten die Kanonenboote des amerikanischen Admirals Perry die Öffnung des Landes erzwungen. Keine zwanzig Jahre später fuhren die ersten Eisenbahnen auf der Insel. In diesem historischen Stadium, 1889, betritt ein 23jähriger anglo-indischer Journalist das Land, der künftige Autor von *Kim* und *Dschungelbuch*, ein aufgeweckter Erzähler, der 1907 den Nobelpreis erhalten wird. Auf seiner Reise von Indien nach England macht Rudyard Kipling, was die wenigsten seiner Leser wissen, Zwischenstation in Japan und berichtet in 13 Briefen an den Pioneer in Allahabad.

Japan – das ist für den damaligen Europäer (und für so manchen heutigen noch) ein Konglomerat aus Teehaus, Samurai, Kirschblüte, Farbholzschnitt und Blumenschirm. Kipling, gesättigt mit der Erfahrung Indiens, tritt nun in ein völlig anderes Asien, das von Indien so weit entfernt ist wie Europa. Er tritt in ein Bild – eine Summe von Klischees und Unverständlichkeiten, in ein Bühnenbild gleichsam aus *Mikado,* mit dem Gilbert und Sullivan die Londoner belustigen. Als Kipling zusammen mit seinem Begleiter, einem amerikanischen Professor, Südjapan erreicht, glaubt er sich in einem exotischen Buch zu befinden, dem Japan der Lack-Kabinette und des anmutigen Betragens. Aber noch an Bord tritt ihm ein »abscheulicher Mensch in den Weg, mit einem blaßblauen fünfzigseitigen Pamphlet«: Es sei die frisch vom Kaiser verfertigte Verfassung, er solle sie lesen.

Kipling liest sie und kommt zu dem Schluß: »Aus der Nähe untersucht ist es ein schreckliches Ding, denn es ist so jammervoll englisch.«

Im Spott auf die eigene wie die fremde Kultur kündet sich die Ambivalenz an, mit der Kipling das Land bereisen wird: Japan möge doch bitte das Japan bleiben, was sich die Europäer so gerne vorstellen. Der Versuch, sich an die Moderne anzukoppeln, kann nur ein groteskes, allerdings interessantes Spiel sein. Genausowenig wie dem Land die Verfassung passen den Zöllnern, Soldaten und Polizisten die Uniformen, was immer wieder Anlaß zum Spott gibt. Noch hat der Westen nichts zu befürchten: »Wahrlich, Japan ist eine große Nation. Ihre Maurer spielen mit Stein, ihre Zimmerleute mit Holz, ihre Schmiede mit Eisen und ihre Künstler mit Leben, Tod und allem, was das Auge aufnehmen kann. Glücklicherweise wurde ihr jene allerletzte Charakterfestigkeit verweigert, die es ihr erlauben würde, mit der ganzen weiten Welt zu spielen.«

Von den damals erschlossenen touristischen Wegen kommt Kipling in der kurzen Zeit nicht ab. Die Reise führt in die Hafenstadt Kobe, zum tempelreichen Kyoto, zum gigantischen Buddha von Kamakura, wo »jedes Rindvieh gleich welchen Geschlechts seinen oder ihren unwürdigen Namen in die massiven Bronzeplatten« einkratzen muß. Yokohama, Nikko und Tokyo folgen. Kirschblüte ist ebenso angesagt wie die notorische Jagd nach *curios,* Antiquitäten, die Obsession vieler in Japan residierender Ausländer: »Dinge zu kaufen ist der Fluch des Reisens.« Im Gegensatz zu anderen Westlern, die sich mit Liebigs Fleischextrakt über Wasser halten, sagt ihm das japanische Essen zu. Landschaft, menschliche Anmut und ästhetischer Sinn erfreuen ihn. Der Einzug westlicher Zivilisation muß daher schmerzhaft auf ihn gewirkt haben. Der japanische Tempel beeindruckt ihn als Meisterleistung: »Es heißt, daß nie ein Mensch vollständige Zeichnungen, Einzelheiten oder Beschreibungen des Tempels von Nikko geliefert habe. Nur ein Deutscher würde es versuchen, und er würde im Geiste fehlen. Nur einem Franzosen könnte es im Geiste gelingen, aber er wäre nicht akkurat.« Und nun beten sie die »große Wurstmaschine der Zivilisation« an! Amerikanische Missionare verpassen den Mädchen Ponyfrisuren, die Deutschen verkaufen Aufkleber für Bierflaschen und die Engländer »verwüsten Tokyo mit blutroten und grasgrünen Tabaksdosen.«

Mit dem Professor kommt es immer wieder zu witzigen Auseinandersetzungen und gegenseitigen Belehrungen. Ein pfiffiges Gemisch aus Scham, Spott, Ironie, Bewunderung, Verwirrung, aus unbefangenem Meckern und bodenlosem Staunen. Kipling aber ist kein Prophet, die Zukunft Japans bleibt ungeklärt, der historische Siedepunkt steht erst noch bevor. Doch den entstehenden Typus des Fernreisenden oder Globetrotters hat er bereits präzis erfaßt: »Globetrotter sind extreme Kosmopoliten: Ihnen wird überall schlecht.«

Rudyard Kipling, *Reisebriefe aus Japan*, aus dem Engl. von Gisbert Haefs, München: List Verlag 1990.

Der Geist auf der Schaukel

Über Christian Morgensterns

Nicht immer geben letzte Worte die Wahrheit eines Lebens wieder. Was Christian Morgenstern jedoch wenige Stunden vor seinem Tod, in der Nacht zum 31. März 1914, in einem Meraner Hotel sagte, enthält die Summe eines Lebens und Werks: »Der Husten ist vierdimensional – Die Heilung kann nur aus dem Geiste kommen.« Wer seine Krankheit als vierdimensional erlebt, hat einen anderen Bezug zum Leben und zu den Dingen der Welt, weil er fortwährend die geistigen Wurzeln des physischen Geschehens vor Augen hat. Morgenstern brauchte zu dieser Erkenntnis nicht die letzte Lebensnacht, denn der Tod hatte ihn in der Form einer kaum heilbaren Lungenkrankheit von früh an nicht nur begleitet, sondern auch seine ruhelosen Wege und Wanderungen durch Europa bestimmt. Norwegische Fjorde und Schweizer Höhenluft, Palermo und der Schwarzwald – die Suche nach einem erträglichen Klima prägte sein Leben ebenso wie die Suche nach dem Geist.. Daß er im Angesicht des nahenden Todes noch die Krankheit auch in ihrer Skurrilität fassen konnte, setzte ebenfalls ein langes Training voraus. Humor ist bekanntlich eine Variante des Trotzes. Kaum ein Komiker, dessen Späße nicht irgendwann als Spiegelschrift seiner Melancholie zu erkennen wären: »Das Lachen des Meeres. Der weiße Schaum auf dem dunklen Untergrund. So ist alles Lachen«, notiert Morgenstern 1895 in sein »Taschenbuch« (die Palmström-Gedichte wollte er übrigens einmal in Spiegelschrift erscheinen lassen). So kann es nicht weit her sein mit dem Bild des harmlosen Humoristen, das uns Lesebücher und die Rezeption seit seinem Tod vermitteln. Nicht zuletzt hängt dies mit dem allgemeinen Unbehagen am Humor hierzulande zusammen, so daß man Morgensterns Ahnen eher in Edward Lear oder Lewis Carroll findet als in Wilhelm Busch oder Dr. Hoffmann; und die einzig mögliche Übersetzung von »Fisches Nachtgesang« hat ein Engländer geleistet. Zwischen Didi und Struwelpeter muß verlorengehen, daß Humor Ausdruck eines fein gestimmten Geistes sein kann, ein subversives Spiel mit und um Erkenntnis.

Diese Beobachtungen lassen sich nun in aller Detailfülle am dritten Band der Stuttgarter Ausgabe von Morgensterns Werken nachvollziehen. Unter dem Titel »Humoristische Lyrik« versammelt der Herausgeber Maurice Cureau sattsam Bekanntes wie die Galgenlieder und die Palmström/Korf-Gedichte neben Unbekanntem und aus dem Nachlaß Stammendem. So schön die vielen Einzelausgaben der humoristischen Verse sein mögen, es wächst den Gedichten im Kontext des Gesamtwerks doch eine neue Kraft zu. Dabei erweist sich der kritische Kommentar als eine Quelle neuer Erkenntnisse über Autor und Werk. Die Galgenlieder erscheinen als Produkte einer zerebralen Erregung, die die sog. Galgenbrüder in Berlin verband, den Schuhu und Verreckerle, den Glöckner wie das Rabenaas (der Galgenname Morgensterns). Dieser Bund entwickelte ein seltsames Ritual, zu dem Wachskerzen und ein Kinderskelett ebenso gehörten wie ein Hufeisen, das als Kästchen für acht heilige Gesänge diente. Diese Lieder setzte Morgenstern nach der Auflösung des Bundes 1896 fort und bald hatte er auch ein Motto parat für eine mögliche Sammlung: »Es gibt keine Kinder mehr?« So beten seither die Rehlein zur Nacht, und die Zwölf-Elf hebt die linke Hand, während Seufzer Schlittschuh laufen und der Glockenton Bam in römischer Kirchentracht auf der Suche nach der Tönin Bim die Nacht durchfliegt. Der Fisch singt ohne Klang rein metrisch, und ein Hähnlein ruft: »Mir ist beinah, als wär ich wer.« Zum Motto avancierte dann aber Nietzsches Ausspruch: »Im ächten Manne ist ein Kind versteckt: das will spielen.« Dieses Spiel verliert später bei Morgenstern das Geheimbundhafte und ergreift die gesamte Wirklichkeit. Dinge und Personen unterliegen einer ständig juckenden Verwandlungslust, Ideen werden lebendig, Personen verdinglicht. Vor allem aber verselbständigt sich die Sprache, löst sich von der bezeichneten Welt und führt ein Eigendasein. Die Interpunktion wird zu einem Debattierklub von Komma, Semikolon und Bindestrich. Wo Werwölfe sich deklinieren lassen, da gibt es nicht nur die Weste, sondern auch als letzten Schrei der Mode, die Oste. Es klingt fast prophetisch: »Er ersann zur Weste/ eines nachts die Oste!/ sprach: »Was es auch koste! –«

Spielerischer Aufruhr, der später zum Dada wird, führt hier parodistisch den Klangästhetizismus der Symbolisten von Poe bis Mallarmé ad absurdum. Morgenstern rührt dabei an die schöpferische Substanz der Sprache und des Sprechens. Sinnbildlich dafür könnte man die vielen Maschinen und Neuheiten sehen, die geradezu auf ihre Erfindung durch Palmström und v. Korf warten: Korpulente Zimmerluft, Fabriken für Spatzenmäntel, musikalische Waagen und Schreibmaschinen, die mit Feuer schreiben. Doch Korf und Palmström sind keine Menschen. Sie entstammen der vierten Dimension, sind Geisterwesen und wären wohl kaum ohne die Anthroposophie Rudolf Steiners das geworden, was sie sind. Das Vorurteil, Morgenstern sei langweilig geworden, sobald er sich dieser Lehre angeschlossen habe, wird durch diese Ausgabe widerlegt, zumindest was die humoristische Lyrik angeht. Morgenstern entdeckte 1908/9 die Anthroposophie und fand in ihr jenes freie Geistesleben, das auch seine Figuren auszeichnet. Erst jetzt treiben Palmström und Korf auf ihren absurden Höhepunkt zu. Auch wenn Steiners Erkenntnisse nicht selten für die Kunst tödlich werden können, so boten sie Morgenstern doch für seine letzten Lebensjahre die nötige geistige Geborgenheit, ohne die seine schöpferische Arbeit in Verzweiflung oder Zynismus übergegangen wäre. Jetzt hat das Spiel erst seinen rechten und zu rechtfertigenden Ort. In der wilhelminischen Zeit verkörpern Morgensterns Signaturen des Unsinns einen höheren, immateriellen Sinn, der den herrschenden Materialismus und das Machtgehabe unterläuft und die Ideologie attackiert (»Gingganz« ist die deutsche Übersetzung für Ideologe). Aber er war auch ein schwankender Geist, der immer auf der Suche nach Gewißheit war. Er war Träumer, Skeptiker und Kritiker zugleich, machte sich am Sonntag über das Pathos lustig, um am Montag flugs einen pathetischen Erguß zu fabrizieren. Auch seine ernsthafte Lyrik (Band I, 1887-1905) weist Spuren des Umkippens auf. Hochgespannte Projekte wie Kosmogonien und Zyklen über Sonnenaufgänge, die Kosmiade vom Weltkobold oder der Plan einer lyrisch-epischen Symphonie weisen ihn als Kind einer Zeit aus, die von Weltbeherrschung träumte. Tagträume werden zu idiosynkratischen Weltträumen und bringen Privatvisionen wie Momberts »Äon« oder Däublers »Nordlicht« hervor. Der Bann Nietzsches liegt über Morgensterns Generation, und die Befreiung von ihm ist konstitutiv für sein Werk wie für Hesse oder Thomas Mann. 1895 widmet er seinen ersten Gedichtband *In Phantas Schloß* dem »Geiste Friedrich Nietzsches«, zehn Jahre später jedoch erscheint ihm der *Zarathustra* als »eins der schlechtesten Bücher, die es gibt.« Erst Steiner befreit ihn von diesem Vordenker, in dem Morgenstern nun ebenso das »Polizeihafte« und »Kategorische« des deutschen Reiches wiederentdeckt.

Aber Morgenstern erträumt sich die geistige Erneuerung Deutschlands auch an trüberen Quellen. Auf seinem Grabstein wünscht er sich einmal die Inschrift »Lest Lagarde«. An Paul de Lagarde (1827-91), dem Orientalisten und Kulturkritiker, mag ihn die Rebellion gegen die Gründerzeit fasziniert haben, die Folgen der deutschen Lagarde-Lektüre konnte er sich aber wohl nicht ausgemalt haben.

Die Nationalsozialisten fanden sich wieder in dessen germanisierter Religion und Herrenvolkphantasien, die ein halbes Jahrhundert vor ihrer Verwirklichung nach Eroberungen im Osten und nach einer Judenvertreibung riefen. Es ist ein Verdienst dieser Ausgabe, Morgensterns Lagarde-Verehrung ausführlich dokumentiert zu haben, insbesondere im Hinblick auf die Verharmlosung Lagardes in einigen anthroposophischen Veröffentlichungen zu Morgenstern. Der kritische Kommentar stellt jedoch diese partielle Blindheit in einen Lebenskontext, der erklärt, warum Morgenstern auf solche Propheten verfallen mußte. In Lagarde sah er wohl in erster Linie den romantischen Kritiker von Produktion und Konsumismus, den religiösen Erneuerer, und nicht die Verkörperung des fanatischen Kleinbürgers, den wir nun im Rückblick, von sicherer historischer Warte aus, erkennen.

Wenn man Morgensterns kritische Schriften liest (Bd. VI) und die Aphorismen (Bd. V), so muß man endgültig Abschied nehmen vom Bild des harmlosen Kauzes. Allenthalben hat er sich in die wilhelminische Kulturpolitik eingemischt, von der Polemik bis zur Parodie. So in einer ungehaltenen Reichstagsrede als Antwort auf eine Interpellation über die geplante Durchquerung von Kleists Grab: »Meine Herren! Der Kanal der preußischen Kultur wird sich den Weg durch alle lebenden und toten Dichter der Welt hindurch zu bahnen wissen. (Bravo und Zwischenrufe.)« Zum Glück war er nicht der Herzensgute, der er durch die Rezeption geworden ist, sondern auch der streitbare Kämpfer gegen den Mief der Zeit. Subjektivität und Freiheitsgefühl waren ihm die höchsten Werte, und sie galt es zu verfechten im kulturellen Alltag.

Diese Werte gehen eng mit den Formen einher, zu denen sich Morgenstern gezogen fühlte. Die Kleinform war seine Stärke, die alle größeren systematischeren Projekte zunichte machte. Neben Gedichten war es jenes verwilderte

Gebiet zwischen Philosophie und Kunst, der Aphorismus, in dem er Meisterschaft erreichte. Als permanenter Sucher und Zweifler mußte er das System des Philosophen ablehnen, denn, wie Musil schrieb, »Philosophen sind Gewalttäter, die keine Armee zur Verfügung haben.« Aus dem Plan zu einem großen humoristischen Roman wurde zwar nichts, dafür aber entstand ein massiver Steinbruch an Ideen, Beobachtungen, Wachträumen und Denkbildern, die er in seinen »Taschenbüchern« notierte. Morgenstern war der Aufzeichner par excellence, der seine Taschenbücher »melkte – vermittelst der Schreibmaschine.« Hier gibt es viele Funde zu machen, die durch die glättenden Editionen seiner Witwe verborgen blieben. 1903 empfiehlt er: »Kritiken schreiben über eingebildete Bücher!«, eine Forderung, die erst Stanislaw Lem eingelöst hat. Über Staaten, die Lehrer schlecht bezahlen: »Da sie nur Lehrer für 600 Mark sich leisten können, bleiben die Völker so dumm, daß sie sich Kriege für 60 Milliarden leisten müssen.« Er war auch einer der ersten Entdecker Robert Walsers, dessen Bruder Karl Morgensterns Buchumschläge gestaltete. 1906 las und bewunderte er Walser und empfahl ihm seinen Verleger; vielleicht sah er einen Geistesverwandten in ihm.

Die nun teilweise vorliegende Ausgabe erlaubt uns, die Konturen eines anderen, weniger glatten Morgenstern zu entdecken. Wir sehen einen Geist »von Luftdrucksgnaden«, in seiner ganzen Beweglichkeit und Seekrankheit, in seiner lebendigen Widersprüchlichkeit, einen Geist auf der Schaukel gleichsam. Ein Leben ohne Schaukeln, hat Hugo Kükelhaus einmal gesagt, sei ein Mißverständnis. Die deutsche Literatur ohne Morgenstern wäre ebenfalls ein Mißverständnis.

Christian Morgenstern, *Werke und Briefe.* Hg. von Reinhardt Habel. Stuttgart: Urachhaus 1987 ff. 6 Bde.

Ästhetik des Schattens:

Jun'ichiro Tanizaki

Wer einige der hierzulande übersetzten Romane von Jun'ichiro Tanizaki (1886–1965) gelesen hat – *Naomi, Der Schlüssel* oder sein Hauptwerk *Die Schwestern Makioka* und sich an die Zerissenheit der Protagonisten erinnert, die vor allem in ihren erotischen Idealen zwischen östlichem und westlichem Menschenbild schwanken, der wird zunächst verwundert zur Kenntnis nehmen, wie sehr Tanizaki in seinem berühmten Essay *Lob des Schattens* sich in das alte Japan zurücksehnt. Denn das »Geheimnis des Schattens« ist ihmzufolge der innerste Ausdruck japanischer Ästhetik, die sich auf alle Lebensbereiche erstreckt: Sie reicht von Eßgeschirr und Lackwaren über Kleidung und Sakralbauten bis hin zur Gestaltung von Bad und Toilette. Der Essay, 1933 unter dem Titel *In'ei raisan* erschienen, hier von Eduard Klopfenstein in gutes Deutsch übertragen, ist inzwischen eine Art geheimer Klassiker japanischer Ästhetik geworden; in der zarten und poetischen Analyse und der Beschwörung von Tradition etwa vergleichbar mit Okakuras Buch vom Tee.

Wenn es eine japanische Ästhetik gibt – so Tanizakis These –, wird es ihr darum gehen, die Magie des Schattens zu praktizieren, die seit der elektrischen Beleuchtung auf dem Rückzug ist. Und mit ihr ist ein ganzer kultureller Habitus bedroht. Ernst Bloch, von aufklärerischem Vorwärtsdrang beseelt und in eine ganz andere Richtung schauend, ahnte etwa zur selben Zeit (1935) Ähnliches: »Die Glühbirne im schattenarm gewordenen Zimmer hat die Anfechtungen des Nachtgrauens weit gründlicher geheilt als etwa Voltaire.« Wo der westliche Marxist aufatmet, sieht der japanische Ästhet jedoch eher die Verlustseite, denn die Ostasiaten spüren im Halbdunkel eine »Art Wärme, die unser Herz beruhigt«. So legt man Wert auf die Dunkelheit alternden Holzes; Wandnischen müssen in Schatten getaucht sein, um ein Gefühl der geistigen Präsenz und inneren Fülle zu vermitteln. Unruhe entsteht demnach durch hell glänzende Dinge, blankgeputztes Silber, Kacheln in Toiletten. Gedämpfter Glanz ist vorzuziehen, wie er sich im langjährigen Umgang zwischen Dingen und Händen entwickelt, »Handglanz«; Seele wächst den Dingen zu durch – Abnutzung, Alter. Kein Jugend- und Hygienekult wie im modernen Westen, sondern guter Geschmack besteht geradezu in einer Ästhetisierung des Schmutzes, den das Leben erzeugt. Tanizaki versucht sich vorzustellen, was geschehen wäre, wenn Japan und der Osten zu einer eigenen Technik und Wissenschaft gekommen wären statt der überstürzten und erzwungenen Aneignung westlicher Technik mit all ihren ästhetischen Begleiterscheinungen. Wie wohltuend wäre es, wenn zum Beispiel Krankenhäuser nicht so weiß und glänzend wären, sondern dem japanischen Naturell entsprechend von dunkleren und weicheren Tönen geprägt. Oder was wäre, hätten die Chinesen den Füllfederhalter erfunden – hätten sie ihn nicht mit einer Pinselspitze versehen und hätte das nicht Folgen gehabt für die Papiersorten und die Tinten, wären nicht Literatur und Philosophie unabhängiger geblieben von westlichen Einflüssen? Spekulationen, die in der Nähe von Marshal McLuhans Medientheorie anzusiedeln sind, aber letztlich doch Ausdruck einer melancholischen Resignation. Tanizaki erkennt nicht ohne Selbstironie das Unmögliche einer Rückkehr und kann doch nicht ablassen, weiter zu spekulieren und nach besseren Lösungen zu suchen: »Es läuft auf eine Nörgelei hinaus; aber sei's drum, man wird ja wohl darüber nachdenken dürfen, was für Nachteile wir im Vergleich zu dem Abendländer in Kauf nehmen mußten.«

Es bleibt die Frage, wie weit die These von der Suche nach Dunkelheit im Osten, nach Helligkeit im Westen überhaupt sinnvoll ist. Jede historische Differenzierung wird hier ohne große Schwierigkeiten zeigen können, daß dieses Paradigma punktuell stimmig ist, von Epoche zu Epoche und von sozialer Schicht jedoch ständig schwankt. Der Arme in Ost und West, der nicht mal eine Kerze kaufen kann, wird daraus keinen Anlaß zu einer Ästhetik machen wollen. Wie sehr alle Völkerpsychologie im Dunkeln tappt, zeigt ja auch die für Tanizaki bestürzende Tatsache, daß der japanische Volksgeist sich nach Einführung der Elektrizität und mit Erreichung eines gewissen Wohlstandes für eine verschwenderische Helligkeit entschied. Und im Westen kultivieren Germanen trotz Energieüberschüssen eine höhlenhafte Gemütlichkeit, verschmähen Neonhelle zugunsten von Kerzen, während ihre romanischen Brüder und Schwestern dieselben Kerzen als Zeichen des Notstandes werten.

Bei allen Vorbehalten gegen Ästhetizismus und Völkerpsychologie könnte dennoch Tanizaki zum Teil recht haben – nicht in der Beschreibung des »Japanischen« am Dunkel, sondern in der anthropologisch bedingten Notwendigkeit einer Polarität von hell/dunkel, die im Zuge totaler Ausleuchtung zu verschwinden droht. Die neuere Sinnesphysiologie hat auf die Notwendigkeit solcher Spannungsgefälle hingewiesen, gerade auch in Anbetracht der Katastrophen psychisch-biologischer Art, zu denen die Lichtmaximierung in Schulen, Fabriken und Büros geführt hat. Tanizakis Beobachtungen beziehen sich nicht zufällig immer wieder auf psychosomatische Zwischenräume, in denen die Ausblendung des Schattigen virulent und zunächst als nervöse Störung wahrnehmbar wird. Und es ist Teil der Ästhetik, die Tanizaki entwirft, daß dem Zwischenraum – als Beziehung, Polarität, Spannung – entscheidende Bedeutung zukommt; nicht einem substantialistischen

Was, das immer auch zur Quantität neigt, sondern dem Wie der Zusammenstellung. Das Zeichen ist an sich nichts, erst im Kontext wird es bedeutungsvoll. Und Kontexte müssen vom Zuschauer miterzeugt werden als immer neue Beziehungen zwischen Nichts und Etwas (die Literaturwissenschaft hat dafür den bürokratisch-dürren Ausdruck der »Leerstelle« geprägt). Tanizaki zeigt dieses Prinzip an der Zusammenstellung von Speisen und vor allem an der Kleidung, die – metaphorisch und real – noch am ehesten die Wahrheit des Scheins sinnfällig macht. Der Appetit nimmt um die Hälfte ab, wenn man japanische Speisen an hellen Orten aus glänzend-hellem Geschirr ißt. Die Bronzeschärpe des buddhistischen Priesters wirkt pompös in modern erleuchteten Hallen; einzig an ihrem Ort, im Dunkel des Sakralbaus, kann sie ihre wahre Würde entfalten. Hier berühren sich von Nostalgie gefärbte, höchst subjektive und unhistorische Beobachtungen mit einer modernen Ästhetik, die man im 20. Jahrhundert im Westen und Osten zu verstehen begonnen hat: »Wir sind nicht der Meinung, Schönheit sei in den Objekten selber zu suchen, sondern im Hell-Dunkel, im Schattenspiel, das sich zwischen Objekten entfaltet.«

Junichiro Tanizaki, *Entwurf einer japanischen Ästhetik.* Aus dem Japanischen von Eduard Klopfenstein. Zürich: Manesse Bücherei, 1987.

Ein wilder Viktorianer: John Ruskin

Mit sieben, nach einem ersten Durchgang durch die Wissenschaften seiner Zeit, schrieb er Dramen, Traktate, eine Ode auf die Dampfmaschine und ein Epos über das Universum. Als er 1900 achtzigjährig starb, gab es nach ihm benannte Stoffe, Keramik und Zigarren; Tolstoi, Shaw und Gandhi beriefen sich auf ihn. Und doch ist John Ruskin, von dessen Werk schon drei Jahre später fünfzehn Bände auf deutsch vorlagen, bei uns ein Unbekannter geworden – was sich darin zeigt, daß die von Wolfgang Kemp vorgelegte ausgezeichnete Biographie die erste deutsche seit 80 Jahren ist. Das Vergessen, das auf die verengte Vorstellung von Ruskin als Kunstschriftsteller zurückzuführen ist, ist um so bedauerlicher, als er von seinen Fragen und Analysen her unser Zeitgenosse sein könnte, und zwar der lehrreichsten einer. Im Zentrum seines Werks steht der Versuch, die Grenzen zwischen den Wissenschaften einerseits, zwischen Wissen und Praxis andererseits aus der Erkenntnis eines universalen Zusammenhangs aufzulösen. Die Biographie des Marburger Kunsthistorikers verdeutlicht dies selbst, indem sie von Ruskinporträts ausgeht und anhand des sinnlichen Niederschlags nachzeichnet, wie sehr dieser Geist in das viktorianische Zeitalter eingeflochten ist und zugleich über es hinausweist.

Mit seinen Eltern unternimmt Ruskin als Kind umfangreiche Reisen in Europa, bei denen er das Sehen von Kunst und Natur lernt, das die Grundlage seines fünfbändigen *Modern Painters* bildet, in dem er als eigentliche Künstler nur Turner und die Natur anerkennen wird. Eine Sehgenauigkeit entwickelt sich, von der er einmal behauptet, sie sei in diesem Grad nur bei vier anderen Männern des Jahrhunderts anzutreffen gewesen. Die Bedeutung des Sehens, das Kemp als bürgerlich-sachbezogenes diagnostiziert, führt allerdings auch zu der merkwürdigen Forderung, Kunst solle Sehbilder darstellen, d.h., Künstler sollten sich eines elliptischen Formats bedienen.

Der Kultivierung des Sehens entspringt eine *science of aspects*, eine Wissenschaft des Scheins und des Übergänglichen, die Ruskin mit Goethe verbindet. Nicht in einen unverbindlichen Ästhetizismus führte ihn jedoch der Weg, sondern auf den Nerv der neuen Zeit: auf den Schwund von Wahrnehmungsfähigkeit nämlich, der einhergeht mit der Industrialisierung, Standardisierung und Zerstörung der Außenwelt. Erstmals richtig bewußt wird ihm dies bei den zeichnerischen Studien in Venedig zu seinem monumentalen *The Stones of Venice.* Bei der geradezu fanatischen Abfassung von gut 3000 Blättern wird ihm immer deutlicher, wieweit er nur noch Archivar zerfallender Kultur ist; im minutiösen Detail erlebt er den Untergang der Lagunenstadt durch Industrieschmutz und Krieg.

Den Kern des Problems findet Ruskin im Naturverständnis der Menschen, das – und diesen Denkschritt haben viele seiner Nachfolger unterschlagen – mit den Produktionsverhältnissen entsteht. Seine politische Ökonomie, niedergelegt in *Unto this Last* und anderen Schriften, bringt ihn endgültig in Konflikt mit der geistigen Orthodoxie seiner Zeit. Sie stellt die Frage nach einer »richtigen« Produktion, Konsumtion und Distribution. Ausgangspunkt einer neuen Ökonomie hat der Mensch zu sein. So täuscht z.B. der Begriff »Arbeitsteilung«: nicht die Arbeit, sondern der Arbeiter wird geteilt. Wenn die Gleichung von Arbeit und Glück Sinn haben soll, dann müssen grundlegende Veränderungen in den drei Bereichen stattfinden. Ruskin, ab 1870 erster Professor für Kunsterziehung in Oxford, setzte dabei, unmarxistisch, auf die Unternehmer einerseits, andererseits auf den Staat und die Verbraucher. Glücksbringende Arbeit muß sich schließlich im Produkt spiegeln; das Ideal hieße: Arbeit als Kunst. Ruskin zog, im Gegensatz zu seinen präraffelitischen Freunden, allerdings nicht den Schluß, daß dies die Herstellung von Kunstgewerbe bedeute. Er machte vielmehr zu einem Thema seiner Kulturkritik, was ihm bei der neueren Kunst aufgegangen war: Die Massenfabrikation hatte einen Verschleiß von Material, von Fähigkeiten und Ethos mit sich gebracht. Die dadurch entstandene Produktverfälschung wurde ihm zum Inbegriff des kulturellen Zustands der Nation.

Im Jahre 1870 gründete er in einer Art alternativem Verlag eine Vorläuferin der *Fackel*, die Zeitschrift *Fors Clavigera*, in der er, über Jahre hinweg alleine schreibend, die Verhältnisse angeprangerte: die Arbeitsbedingungen, die Eisenbahn, den Tourismus, die durch den Umweltschmutz sich verdunkelnden Wolken über England. In seinen letzten zwei Jahrzehnten wurde er jedoch zunehmend von psychischen Krisen befallen, die sich in späten Schriften als Überverknüpfung, Übersymbolisierung und Mythisierung ankündeten. Sie lassen ihn als einen Verwandten Nietzsches erschienen, mit dem er das Todesjahr teilt und vielleicht auch das Scheitern, das er selbst wie kein anderer sah: Ich sah, aber ich tat nichts. Wenn auch sein Einfluß auf Arbeit, Bildung und öffentliche Meinung unübersehbar wurden, so muten doch seine praktischen Versuche wie verzweifelte Signale an. So baute er mit Studenten eine Straße – Oscar Wilde grub (mehr oder weniger) mit. Proust, sein Übersetzer, griff in einem Nachruf zu Ruskin dessen Wort über Turner auf: »Es wird so sein, daß durch diese Augen, die das Grab nun für immer schließt, Generationen, die noch nicht einmal geboren sind, die Natur sehen werden.«

Wolfgang Kemp: *John Ruskin – Leben und Werk*, München: Hanser, 1983.

Phantasie der Materie: Roger Caillois

Im Jahre 1952 fiel ihm ein schillernder Labradorit in die Hände. Nach Studien im Bereich der Ethnologie, Soziologie, Poetik und Entomologie verfiel Roger Caillois (1913–1978) nun zusehends der außergeschichtlichen Pracht der Mineralien. *Steine*, die Summe dieser Meditationen, jetzt in der soliden Übertragung von Gerd Henniger vorliegend, beschwört und feiert eine Faszination, die nicht ohne Ambivalenzen ist, und setzt sie einer klaren, strengen Sprache aus. Die Annäherungen an das Gestein oszillieren zwischen poetischer Vision, kühler Beschreibung und kosmologischer Spekulation.

Mythische Fragmente aus der antiken Welt und China leiten Caillois' Betrachtungen ein. Von pilzförmigen Steinen ist die Rede, solchen, die Kinder kriegen, ein Geschlecht haben, dasjenige der Menschen verwandeln, Fleisch fressen, und solchen, die wie Säuglinge gewaschen, gewiegt und gekleidet werden, die viermal täglich ihre Farbe wechseln, Mädchen vor Zudringlichen schützen und Hunde am Bellen hindern.

In seinen präzisen Beschreibungen von Achat, Beryll und Quarz zieht Caillois steile Bögen von den Strukturen und Rastern der Materie zu den Formationen der Einbildungskraft und konkretisiert so mit poetischer Strenge die Grundkomponente seines Denkens: Zusammenhänge zu stiften.

Der »diagonale« Blick erkennt in den mineralischen Ablagerungen einige der schönsten Skulpturen der Moderne, die dort Millionen vor Jahren lagen. Aber noch in dem Versuch zur genauesten Objektivität kommt der Betrachter nicht an sich selbst vorbei, denn der Mensch entziffert immer wieder in der anonymen Materie ihm ähnliche Lebewesen, bevölkert »Wolken, Rinden und rissige Mauern mit vertrauten Bildern«. Für die Beschwörung des Achats muß Caillois die gesamte Schöpfung bemühen, muß von Feuerwerkskünsten, Tränen, leuchtenden Fenstern, wilden Rosen und Tapeten sprechen und gelangt dabei zu einer Poesie, die ihre Metaphern in den Verschränkungen der Natur vorgebildet sieht.

In einer Achatknolle findet er Wasser, das »seit dem Beginn des Planeten in einem steinernen Kerker gefangen blieb«. Die Stimmung des Betrachters wechselt von heiterer Gelassenheit, Euphorie der Frühe hin zur Erkenntnis der eigenen Flüchtigkeit, des menschlichen Exils im Universum. Die schwarze Sonne der Melancholie verdunkelt immer wieder die Feier des Steins: Der Mensch ist ein ungebetener Gast in der Schöpfung. Caillois nähert sich hier dem Pessimismus eines Cioran, veranschaulicht Nietzsches Diktum, daß das Leben eine Ausnahme ohne Folge sei, belanglos für das Schicksal der Erde.

Welten liegen zwischen diesem Entziffern nutzloser Botschaften und Goethes vertrauensvollem Blick auf den Granit. Erst wenn Caillois sich in den letzten Kapiteln den taoistischen Mystikern, insbesondere dem Maler und Sammler Mi Fu widmet, weicht die Melancholie der Sympathie und Verwandlungslust, belebt sich seine zuweilen schwierige und spröde Sprache. Die Taoisten hatten die Fähigkeit, heißt es, sich zu verkleinern und in Miniaturlandschaften zu verschwinden. Ein schwacher Nachhall davon ist Caillois' Schrift selbst als widersprüchliche Ekstase im Mikrokosmos: »Zwischen der Starre des Steins und der geistigen Gärung kommt eine Art Kontakt zustande.«

Caillois hat mit seinen Texten über die Steine immer neue Versuche unternommen, diesen Kontakt zu erspüren, den Knoten zu lockern, von dem Goethe einst schrieb: »Steine sind stumme Lehrer, sie machen den Beobachter stumm, und das Beste, was man von ihnen weiß, ist nicht mitzuteilen.«

Roger Caillois: *Steine.* Hanser Verlag, München.

Chestertons ernste Späße

Ein halbes Jahrhundert nach Chestertons Tod im Jahre 1936 dürfte ein Teil seiner Werke aktueller sein als je zuvor. Früh kritisierte er den Fortschrittsfetischismus, Ideologien jeder Art, Übermenschphantasien ebenso wie Euthanasieprogramme. Aus seiner christlichen Sicht erschienen ihm Kapitalismus wie Kommunismus gleich menschenunwürdig. Angesichts der wachsenden Herrschaft internationaler Monopole, der zunehmenden Uniformisierung plädierte er für die Schaffung von kleinen Lebenseinheiten: Familie, Stadtteil, Dorf. Bezeichnend ist, daß E.F. Schumachers Klassiker der alternativen Ökonomie *Small is Beautiful* ursprünglich *Chestertonian Economics* heißen sollte – aus Bewunderung für Chestertons Lehre vom »Distributismus«, dem es um eine gerechte Verteilung von Ressourcen ging.

Wenn auch vieles an Chesterton heute als schräg und veraltet empfunden werden muß – und dazu gehören schrille antijüdische Untertöne, die uns nach der Nazizeit natürlich ganz anders anschallen –, so bleibt doch ein großer Teil seines Werkes lebendig, denn es ist komplex und hundertfältig anregend. Chesterton bewährte sich im polemischen Journalismus wie im Nonsense-Vers; er schrieb phantastische Romane (z.B. *Der Mann, der Donnerstag war, Die Rückkehr des Don Quijote*) und theologische Traktate voller Pfiff und Pfeffer; widmete zahlreichen Autoren wie Chaucer, Dickens, Stevenson und Browning, Thomas v. Aquin und Franz von Assisi gewichtige Biographien und Studien, in denen er meist falsch aus dem Gedächtnis zitierte, wobei das falsche Zitat oft treffender war als das richtige Original. Er brachte einen frischen Wind in den englischen Essay und erfand, aus finanziellen Gründen, die skurril-theologischen Detektivgeschichten um den Priester Brown. Er warf sich mitten in die politischen und weltanschaulichen Debatten seiner Zeit, stritt sich mit H.G. Wells und G.B. Shaw und verteidigte seine unzeitgemäßen Überzeugungen ohne Angst vor Blamage und Beschmutzung.

So konnten die verschiedensten Geister von ihm lernen. Ernst Bloch oder Musil, Brecht oder Borges: Bloch bewunderte seine Argumentation, auch wenn sie von der falschen Seite käme; Musil sah sich durch ihn bestätigt in seiner Diagnose der modernen Welt, Kafka hob seine religiöse Heiterkeit hervor in den Gesprächen mit Gustav Janouch. Borges fand bei Chesterton Spiegel, Labyrinthe und Automaten.

Gisbert Kranz hat nun Chestertons Aphorismen und Aussprüche alphabetisch nach Stichworten gesammelt. Kranz unterstreicht zwei Aspekte, die ihn zum Zeitgenossen auch künftiger Generationen machen werden: Erstens beschäftige er sich immer mit den großen Fragen des Lebens, dem Woher, Wohin und Warum. Zweitens ergreife er die Wahrheit immer lachend, so daß ihm auch politisch-weltanschauliche Gegner auf den Leim gingen. So wenn er die Familie eine gute Institution nennt, weil sie unsympathisch sei. Geborenwerden ist wie durch einen Schornstein herabsteigen in eine wildfremde Gesellschaft, mit der man klarkommen muß, mit verrückten Eltern, Tanten und Geschwistern, gegen die man alles Mögliche haben kann (»Abenteuer«). Also ist die Familie ein Abbild der Gesellschaft, ein Trainingsplatz (»Familie«). Leute, die gegen die Familie sind, sind daher Menschenfeinde. Man möchte nachdenken und nachhaken, aber der Aphoristiker ist schon geflohen und behauptet jetzt, daß die modernen Erzieher unmöglich seien: Auf der einen Seite relativieren sie alle Wahrheit, auf der andern erzeugen sie einen pädagogischen Boom:

»Je mehr wir zweifeln, ob wir eine Wahrheit besitzen, desto sicherer sind wir davon überzeugt, daß wir sie unsere Kinder lehren können.« (»Erziehung«)

Chesterton Phantastik ist nie ganz fern. Das Gewöhnliche erscheint in einem merkwürdigen Licht, der Alltag ist das wahre Abenteuer: »Architektur ist das Alphabet von Giganten« oder: »Tradition heißt, der obskursten aller Klassen, unseren Vorfahren, Stimmrecht zu geben. Es ist die Demokratie der Toten.« Nach zahlreichen Computer-Katastrophen können wir auch dies unterschreiben: »Die exakten Wissenschaften vervielfältigen die Chancen der Unexaktheit.« Und dies gilt immer: »Die allerneueste Meinung hat stets unfehlbar recht und stets unvermeidlich unrecht. Sie hat recht, weil eine neue Generation junger Leute die Dinge satt hat, und unrecht, weil die nächste Generation junger Leute diese satt hat.«

Gilbert Keith Chesterton, *Heitere Weisheit, ernste Späße*. Aphorismen, gesammelt und übersetzt von Gisbert Kranz, Brendow Verlag, Moers 1988.

Jules Renards Tagebücher

Wer gerne Tagebücher liest und sich dieser Tage vom Haupttagebuchautor in unseren Breiten, Ernst Jünger, erholen möchte, dem sei Jules Renard in die Hand gedrückt. Denn wo unser behelmter Träumer immer wieder tiefsinnig die Banalität streift, da trifft Jules Renard mit melancholischem Leichtsinn ins Schwarze. Dimensionen des Ich und der Gesellschaft tun sich auf, die dem Waldgänger verschlossen bleiben. Es würde mich aber nicht erstaunen, wenn Ernst Jünger ein Bewunderer von Jules Renard wäre. Jules Renard, der von 1864 bis 1910 lebte, hat die große Tradition des Tagebuchschreibens im Rücken, auf die auch Jünger als Einzelgänger immer wieder zurückgreifen muß. Sie reicht von Saint-Simon über die Brüder Goncourt bis hin zu Paul Léautaud, André Gide und Julien Green. Wo Nietzsche als Aphoristiker nur allzuoft in einen Heul- und Sirenenton verfällt, unter anderem mangels eines kulturellen Rückgrats, das er in Deutschland vermißte, da kann Renard an die Moralisten und Essayisten des 17. und 18. Jahrhunderts anknüpfen – an Montaigne, La Rochefoucauld, Pascal oder Chamfort.

Renards Tagebuch veranlaßte Sartre zu dem langen Essay »Der gefesselte Mensch« und Kurt Tucholsky zu Hymnen: »Ich müßte Dir den halben Renard abschreiben«, teilte er einer Freundin mit. Dem kann man nur beistimmen; auf jeder Seite konnte ich im Schnitt zwei Stellen anstreichen – zum Abschreiben oder Zitieren oder Ausposaunen.

Warum eigentlich?

Ist es die Aufrichtigkeit – das Kratzen am Image, das Ego so gerne von sich herumträgt? Immer wieder setzt Renard zu einem Selbstporträt an, so im Februar 1893:

»Obschon er selbst bereits Schüler hat, könnte man Jules Renard nicht mit ›verehrter Meister‹ anreden. Er ist noch zu jung. Er wurde am 22. Februar 1864 geboren, besuchte die verschiedensten Gymnasien, von denen er schon alles einschließlich der Namen vergessen hat.

Seine Pläne? Er hat keine. In Sachen Literatur ist er ein Opportunist.

Seine Arbeitsweise? Jeden Morgen setzt er sich an den Schreibtisch und wartet, bis es über ihn kommt. Er behauptet, es komme über ihn...

Morgens amüsiert ihn das Leben, abends langweilt es ihn.«

Das Schöne an diesen Tagebüchern ist nicht nur die Ehrlichkeit, sondern auch die Widersprüchlichkeit. Am 4. Oktober desselben Jahres: »Sie sind einzig und allein bemüht, aufrichtig zu erscheinen. Aber finden Sie dieses unablässige Suchen nach Aufrichtigkeit nicht auch etwas unecht und leicht verlogen?«

Poetische Passagen des Autors der geschliffenen Prosa von *Rotfuchs (Poil de Carotte)* und der *Naturgeschichten*, die ein Lyriker wie Wilhelm Lehmann bewunderte, wechseln ab mit verschrobenen Bemerkungen: »Grübler, ja. Denker, nein, ich pfeife drauf!« Oder: »Macht in meiner Statue oben auf dem Kopf ein kleines Loch, damit die Vögel dort trinken können.« Und jede Menge Bemerkungen zur Literatur, zum Betrieb: »Was ist ein Kritiker? Ein Leser, der Unannehmlichkeiten bereitet.« Man könnte fortfahren – Metaphysik, ein Blatt wird beobachtet, ein Universum umgestülpt, der Patriotismus in seinem Mief entlarvt. Politisch stand Renard immer auf der Seite der Vernunft, so in der Dreyfus-Affäre.

»Manche Leute sind so langweilig, daß man mit ihnen in fünf Minuten einen ganzen Tag verliert.« Mit jeder zweiten Notiz Renards gewinnt man stattdessen ganze Tage. Aufzeichnungen, die so frisch und zutreffend sind wie vor 90 Jahren – denn »unsere Eitelkeit altert nicht.«

Jules Renard, *Ideen, in Tinte getaucht. Aus dem Tagebuch.* Aus dem Französischen von Liselotte Ronte, München: Winkler Verlag 1986.

Savinios neue Enzyklopädie

Seit sechs Wochen wohne ich in Leipzig und fahre morgens und abends mit der Straßenbahn. Das einzige Buch, das ich dort seither lese, ist Alberto Savinios *Neue Enzyklopädie.* Ich fand das Buch in einem Ramschkasten, es sagte mir nichts, also kaufte ich es, und nun lese ich es Tag für Tag. Savinio war der Bruder des surrealistischen Malers de Chirico. Da er mit den herkömmlichen Enzyklopädien nicht mehr zufrieden war, schrieb er sich seine eigene. Und so erfahre ich täglich Neues: daß das Wort »Tyrann« ursprünglich »Hüter des Käses« bedeutet; daß »Gas« von »Chaos« abstammt und daß die Beschäftigung mit Etymologie irreführend und nutzlos ist. Daß Schopenhauer, als sein weißer Pudel Atma starb, sich am nächsten Tag einen neuen weißen Pudel kaufte, ihn Atma nannte und am selben Abend noch *Die Welt als Wille und Vorstellung* zu schreiben begann.

Das Buch entstand in Form von Zeitungsglossen. Zuweilen erreichten den Autor gelehrte Briefe von Lesern. So schrieb ihm ein italienischer U-Boot-Kapitän einen bedeutsamen Kommentar. Aus strategischen Gründen konnte er jedoch seine Adresse in der Adria nicht preisgeben. Lebte Savinio noch, würde ich ihm aus meiner Straßenbahn Nr. 17, 27 oder 57 Leipzig-Leutzsch einen Brief schreiben. Da er nicht mehr lebt, richte ich diese Zeilen voller Bewunderung und Dankbarkeit an seinen postumen Aufenthaltsort, der uns allerdings, vermutlich auch aus strategischen Gründen, verborgen bleiben wird.

DRUCKNACHWEISE

»Der aufgefangene Fall« in: *Nachtcafé* 30, 1988 und: *Individualität* 26, 1990; »Das entleibte Wort« in: *Delta* 10, 1991; »Anklänge« in: *Flugasche* 38, 1991; »Eine Geschichte der Phänomene« in: *Die Drei* 62, 1992; »Diaphanien« in: Galbraith, Hg., *Britische Lyrik der Gegenwart*, Mainz 1984; »Planetarisches Denken« in: *Flugasche* 31, 1989; die übrigen Beiträge aus: *ZEIT, Stuttgarter Zeitung, Badische Zeitung, Flugasche* und *Neue Deutsche Hefte.*

PORTRÄT
die neue literarisch-wissenschaftliche Buchreihe mit dem kreativen Zugang zu Leben und Werk von bedeutenden Autoren der Gegenwart. Jeder Band bietet eine produktive Auseinandersetzung zwischen Kunst, Kritik und Wissenschaft und bewirkt in gelungenen Fall vor allem eines: neue Lust an der Literatur.

PORTRÄT 1: **CHRISTOPH MECKEL**. Hrsg. von Franz Loquai. 208 Seiten, 24 Abb. Mit Beiträgen und Texten von Beda Allemann, Albert Baumgarten, Johannes Bobrowski, Erich Fried, Uwe-Michael Gutzschhahn, Ludwig Harig, Rolf Haufs, Wolfgang Hildesheimer, Sarah Kirsch, Franz Loquai, Christoph Meckel, Ralf Rothmann, Wulf Segebrecht, Manfred Stuber, Volker von Törne, Guntram Vesper, Gregor Wedekind und Harald Weinrich

PORTRÄT 2: **GEROLD SPÄTH**. Hrsg. von Klaus Isele und Franz Loquai. 208 Seiten, 6 Abb. Mit Beiträgen von Bruno Bolliger, Hubert Egger, Hansjörg Graf, Volker Hage, Wolfgang Hildesheimer, Jürgen Jacobs, Volker Jehle, Gerhard Köpf, Anton Krättli, Franz Loquai, Christoph Neidhart, Bernd Neumann, Michel Raus, Beatrice Sandberg, Gerold Späth, Andreas Stolz, Bruno H. Weder und Hans-Dieter Zimmermann.

PORTRÄT 3: **GERHARD KÖPF**. Hrsg. von Franz Loquai. 224 Seiten, 8 Abb. Mit Beiträgen und Texten von Konrad Kaspar Aggwyler, Armin Ayren, Wolfgang-Michael Böttcher, Erich Fried, Dietmar Haack, Herbert Kaiser, Georg Kempkes, Gerhard Köpf, Franz Loquai, Otto Marchi, Edgar Platen und Hans T. Siepe.

In Vorbereitung: **WILLIAM S. BURROUGHS**. Hrsg. von Marcel Beyer und Andreas Kramer.

Jeder Band kostet 28.- DM.

Hermann Kinder: Der Mythos von der Gruppe 47. Parerga 4. 50 Seiten, Broschur, 12.80 DM

Ist seit den 60er Jahren die hohe Zeit der bundesrepublikanischen Literatur vorbei? Wird seit der Auflösung der Gruppe 47 im Jahre 1967 keine große BRD-Literatur mehr geschrieben? Glaubt man der Literaturhistorie, so könnte man diesen Eindruck gewinnen.
Hermann Kinder, Universitätsdozent und Schriftsteller in Konstanz, weist in seinem Essay nach, daß der Mythos der Gruppe 47 einerseits auf der Überschätzung ihrer Bedeutung für die 50er Jahre durch die Germanistik beruht, und andererseits auf der Breitenwirkung des Literaturbetriebs in den 60er Jahren, zumal der Taschenbuchproduktionen. Er rekonstruiert die historischen Bedingungen der 60er Jahre, die ein politsch-kulturelles Klima schufen, für das die Gruppe 47 die oberste Interessensvertretung war. Ab 1963 wurde die Kultur der Gruppe 47 die beherrschende Leitkultur und blieb es. Dies hatte jedoch zur Folge, so Kinder, daß die Relevanz der Literatur vor, neben und nach ihr übersehen und zu wenig gewürdigt wurde.

»Um eine kritische Korrektur eines Mythos ist es Kinder zu tun.« *Josef Hoben, Badische Zeitung*

»Hermann Kinders Streitschrift ist lesenswert, nicht zuletzt deshalb, weil sie autobiographisch die repräsentativen Leseerfahrungen eines 68ers aufarbeitet.«
Michael Braun, Stuttgarter Nachrichten

»Wenn die FAZ so massiv auf ein so kleines Bändchen eindrischt, so wird's das wohl in sich haben. Hat es auch.«
Gerd Haffmans, Der Rabe

Will Schaber
Profile der Zeit

Hrsg. und mit einem Nachwort von Manfred Bosch, mit einem Vorwort von Agathe Kunze, 356 Seiten, 24 Bildtafeln, 13,8 x 21 cm, Leinenband mit Fadenheftung, 28.– DM

"Profile der Zeit" vereinigt einen Großteil der Beiträge, die der 88jährige, in New York lebende Publizist Will Schaber in sechs Jahrzehnten verstreut veröffentlicht hat – neben ausführlichen Porträts, die für Sammelwerke zum Themenkreis Exil entstanden sind, vor allem solche, die in Zeitungen (z.B. im AUFBAU) erschienen sind. Sie zeigen die wache Zeitgenossenschaft eines Mannes, der als einer der Letzten seiner Generation nicht nur selbst für eine große Tradition und Kontinuität freiheitlicher deutscher Geschichte steht, sondern dieser auch in einem weitgespannten publizistischen Werk gültigen Ausdruck gegeben hat. Die rund 50 Porträts gelten u.a. T. Mann, K. Kraus, B.F. Dolbin, E. Waldinger, A. Höllriegel, V. Valentin, Sling, M. Barth, E. Schairer, J. Bab, O.M. Graf, H. Sahl, S. Heym, A. Kantorowicz, P. Levi, F. Praeger oder W. Lippmann.

"All diesen Biographien aber eignet Mut und eine heute fast vergessene Tugend: Unbeugsamkeit." (S. Weidle, DIE ZEIT)

"Wie anderen namhaften Intellektuellen des deutschen Exils – z.B. seine Freunde O.M. Graf und Hans Sahl – gelang es Will Schaber von New York aus, wie ein Magnet nach Deutschland hineinzuwirken und umgekehrt das Interesse junger deutscher Intellektueller anzuziehen." (H. Schwenger, DLF)

Druck: WB Druck, Rieden
ISBN 3-86142-12-0